梦回隋唐

一本书读懂隋唐文明

姜 越 ◎ 编著

图书在版编目（CIP）数据

梦回隋唐：一本书读懂隋唐文明 / 姜越编著. --北京：群言出版社，2015.8（2022.8重印）
ISBN 978-7-80256-833-4

Ⅰ.①梦… Ⅱ.①姜… Ⅲ.①文化史-中国-隋唐时代-通俗读物 Ⅳ.①K240.3-49

中国版本图书馆 CIP 数据核字（2015）第 182322 号

责任编辑：胡　明
封面设计：侯泰设计工作室

出版发行：群言出版社
社　　址：北京市东城区东厂胡同北巷 1 号（100006）
网　　址：www.qypublish.com（官网书城）
电子信箱：qunyancbs@126.com
联系电话：010-65267783　65263836
法律顾问：北京法政安邦律师事务所
经　　销：全国新华书店

印　　刷：北京洲际印刷有限责任公司
版　　次：2015 年 11 月第 1 版
印　　次：2022 年 8 月第 2 次印刷
开　　本：640mm × 960mm　　1/16
印　　张：15
字　　数：238 千字
书　　号：ISBN 978-7-80256-833-4
定　　价：58.00 元

【版权所有，侵权必究】

如有印装质量问题，请与本社发行部联系调换，电话：010-65263836

前言

　　隋朝（581—618年）在中国历史上是一个非常重要的时期，但是因为国运短促，被后继者唐朝的光芒所覆盖。其实在史学界里，好比"秦汉"一样，"隋唐"往往并称。通常把"安史之乱"作为唐朝前、后期的分界线，而隋朝是与唐玄宗以前的盛唐连在一起的。中间虽有隋代末年的离乱，经唐初的休养生息，很快又恢复到太平盛世。

　　从隋朝到唐朝，这是中国历史上一个持续发展上升的时期。公元581年，隋文帝杨坚建国；589年，隋朝灭掉南方的陈，统一全国，结束了魏晋南北朝以来数百年的分裂局面。这个开创历史新纪元的王朝，尽管享国不长，却能承前启后，厘革制度，从中央到地方建立起一整套相当严密的统治机构，大大加强了中央集权，推动了社会经济文化的发展和繁荣。继之而起的唐朝则全面承袭隋制，又加以调整改革，从而走向近三百年的辉煌。隋代的"开皇之治"与唐代的"贞观之治""开元盛世"一起，成为这一时期鼎盛局面的集中体现。

在唐朝时期，中国社会经济处于繁荣昌盛的阶段，文化先进，是历史上中国向周边国家文化与技术的一个大输出时期，兼容并蓄的社会风气，也给五胡十六国以来迁居中原的各个民族提供一个空前的交流融合环境，在此过程中亦从外族文明汲取诸多。唐朝的后半叶，处于中国历史的转型期，土地、盐铁、赋税制度的改革标志着社会的缓慢变化，藩镇割据势力的壮大与周边诸民族国家的形成，对此后近千年的中国历史产生深远的影响。

在今天，隋唐文明是我们进行文明建设可资借鉴的宝贵遗产，研究这一时期的文明发展状况可以使我们进一步了解中国文明的特质及其发展规律。从更广泛的意义上讲，认识历史上的光辉文明，对于全民族可以培植爱国主义思想和民族自信心，对于个人可以陶冶情操、提高修养，是关系国民素质提高的大事。当然，从时间上看，历史已是过去的陈迹了；但从国家和民族的发展上看，历史却永存在国家与民族的生命里。当代的中国人在带着无限自豪与神往回顾隋唐光辉灿烂的文明的时候，并不只是在凭吊古老的遗迹、思念往昔的荣光，而更应自信地认为曾经创造出如此辉耀寰宇文明的民族精神不会衰败，它一定会一代代地继续发扬光大。

本书介绍了隋唐时期文明概况，书中以优美生动的文字、简明通俗的语言、图文并茂的形式，把中国最辉煌的时期——隋唐，全面展示给读者。

第一章 改章建制——繁荣盛世下的改革与创新

隋唐是我国封建社会发展史上的鼎盛时期，这其中和各个皇帝的制度改革是分不开的，三省六部制、科举制、两税法等，对国家经济文化的发展有很大的影响，以至于后世各个朝代都沿袭隋唐制度。

创新的法律制度文明 …………………………………… 002

官制改革：三省六部制 …………………………………… 005

科举开创，改善用人制度 ………………………………… 008

新赋役制：租庸调、均田制 ……………………………… 011

漫谈唐朝两税法改革 ……………………………………… 014

官吏俸禄制度的改革 ……………………………………… 016

唐七军的创新文明 ………………………………………… 019

扩展阅读　贞观之治 ……………………………………… 021

第二章 四通八达——盛世隋唐的交通动脉

隋唐时期是我国封建社会繁荣和统一的多民族国家发展的重要时期，其交通的繁荣是其他朝代无法比拟的。隋唐是中国古代交通发展的重要时期，交通运输业取得较大发展。主要集中在隋唐水陆交通路线、交通工具、交通制度与设施、交通文化等方面。

隋朝大运河，沟通南北 …………………………………… 024

唐代发达的水上交通 ……………………………………… 025

唐代贡路 …………………………………………………… 030

隋唐时期的桥梁 …………………………………………… 033

隋唐时期的丝绸之路 ……………………………………… 036

繁荣的海上丝绸之路 ……………………………………… 039

唐代的"快递"——邮驿 …………………………………… 042

严格的唐代交通法规 ……………………………………… 047

扩展阅读　唐朝宾馆——客舍 …………………………… 051

第三章　对外开放——中外文明交流的繁荣时代

唐代的中国，在政治、经济和文化诸方面对东西方各国均产生了深远的影响。因此，东西方各国都积极地吸取唐文化。与此同时，唐朝也吸收各国的优秀文化，并融入唐文化中。可以说，唐文化同古代各时期文化相比，更具有开放性。

丝绸商品出口 ……………………………………………… 054

瓷器文明名扬四方 ………………………………………… 056

西域物品引进 ……………………………………………… 060

西域音乐流行中原 ………………………………………… 062

伊斯兰教传入中国 ………………………………………… 064

中朝、中日文化教育交流 ………………………………… 066

唐三藏孤征求佛法 ………………………………………… 071

鉴真东渡名扬域外 ………………………………………… 073

扩展阅读　鉴真最后的时光是怎样的 …………………… 076

第四章　印版刷墨——传承千年的雕版印刷文明

隋唐是我国封建社会的一个繁荣时期，政治经济文化飞速发展。而在隋唐的统一和政治经济文化繁荣的大背景下，雕版印刷术应运而生，并得以推广，我国的印刷术进入一个崭新的时期。

最早的印刷形式——雕版印刷 …………………………… 078

雕版印刷产生的背景 ……………………………………… 081

雕版印刷术的工艺文明 ………………………………………… 085

中国版画形成 …………………………………………………… 088

雕版佛经与佛画 ………………………………………………… 090

书籍册页装形成 ………………………………………………… 092

扩展阅读　印刷术传播至东南亚 …………………………… 095

第五章　石窟造像——技艺高超的隋唐雕塑文明

　　隋唐两代，是在结束了三百余年分裂割据局面后，出现的一个新的全国大统一时代。从总体上讲，这是一个处于相对和平安定、物质和精神文明全面兴盛的时代。这一时期，政治经济文化空前兴旺发达，中华艺术再现百花竞放的局面，石雕艺术也形成发展的新高峰。

华丽丰满的隋唐石雕文明 ……………………………………… 100

隋代石窟文明复兴 ……………………………………………… 103

唐朝石刻佛像兴盛 ……………………………………………… 105

龙门石窟艺术达到高峰 ………………………………………… 107

佛教文明宝库：敦煌彩塑 ……………………………………… 109

珍贵的艺术宝藏——石刻线画 ………………………………… 112

扩展阅读　昭陵六骏 ………………………………………… 114

第六章　三彩釉色——色彩艳丽的陶瓷艺术文明

　　中国陶瓷自创烧以来，到盛世大唐时已走过数千年。其胎体造型，从早期的稚拙抽象到后来的精雅逼真，日益走向成熟。唐代，色彩多样、色泽纯正的唐三彩，以它绚烂多姿的釉色将中国陶瓷艺术推向了高峰。

隋代的白釉瓷器 ………………………………………………… 118

南青北白，陶瓷并茂 …………………………………………… 119

陶瓷巅峰之作：唐三彩	122
唐三彩文明溯源	124
唐三彩工艺文明	127
姿态各异的三彩马俑	128
扩展阅读 风格独特的辽三彩	130

第七章 盛唐画风——气势恢宏的绘画文明

中国隋唐时代的绘画艺术随着社会经济文化的繁荣，在题材、内容和表现手法等方面，均取得了高度的成就，成为中国绘画史上的高峰。

经变画艺术文明	134
辉煌的初唐壁画	136
隋唐山水画	138
阎立本与人物画	140
全能画家——吴道子	143
扩展阅读 韩干画马	146

第八章 壮哉唐诗——空前绝后的唐朝诗歌文明

隋唐是我国封建社会的繁荣时期，隋唐文学自然也是我国文学史中的辉煌时期，而唐代诗歌更是中国古代诗歌中的巅峰。韩愈领导的古文运动、唐代传奇小说的出现对后世的文学影响十分深远。

空前繁荣的唐诗	150
哀怨凄艳的诗歌	153
情致高远数杜牧	156
诗佛相融看王维	160
浪漫诗风：李白	163

现实主义诗人：杜甫 …………………………………… 167

豪迈诗风刘禹锡 ……………………………………… 171

扩展阅读　温庭筠与《花间集》 ……………………… 174

第九章　歌舞升平——舞蹈发展史上的新浪潮

公元7世纪建立的唐帝国，是我国历史上少有的盛世。在隋朝统一的基础上，唐王朝开疆拓土，国威大振，迎来"贞观之治"和"开元盛世"，为整个社会带来朝气蓬勃的生机。南北文化以空前的速度相互融汇，中外文化大规模交流，为文学艺术的繁荣兴盛创造了良好的社会环境。

高度发展的歌舞文明 …………………………………… 178

流传千年的"舞蹈节" ………………………………… 181

唐朝民间说唱艺术 ……………………………………… 187

音乐新形式：民间曲子 ………………………………… 190

羯鼓乐器的盛行 ………………………………………… 193

隋唐宫廷"燕乐" ……………………………………… 195

唐代的音乐机构 ………………………………………… 197

唐诗与音乐 ……………………………………………… 199

扩展阅读　唐代的参军戏 ……………………………… 202

第十章　华丽逆袭——开放多样的隋唐生活文明

唐代是中国在国家史和世界史上的极盛时期。唐代不仅经济文化空前繁盛，而且人们的生活也丰富多彩。一些习俗对后世也有较大的影响，甚至流传到现代。

唐朝风行厚葬 …………………………………………… 206

开放性感的唐朝女服 …………………………………… 208

典雅端庄的唐代男装 …………………………………… 210
唐人最爱行酒令 ………………………………………… 213
浪漫唯美的风俗：作诗赏花 …………………………… 217
高端娱乐活动——马球 ………………………………… 220
唐朝的斗鸡运动 ………………………………………… 223
扩展阅读　唐代妓女生活写照 ………………………… 224

第一章

改章建制
——繁荣盛世下的改革与创新

隋唐是我国封建社会发展史上的鼎盛时期,这种局面的形成和各个皇帝的制度改革是分不开的,三省六部制、科举制、两税法等,对国家经济文化的发展有很大的影响,以至于后世各个朝代都沿袭隋唐制度。

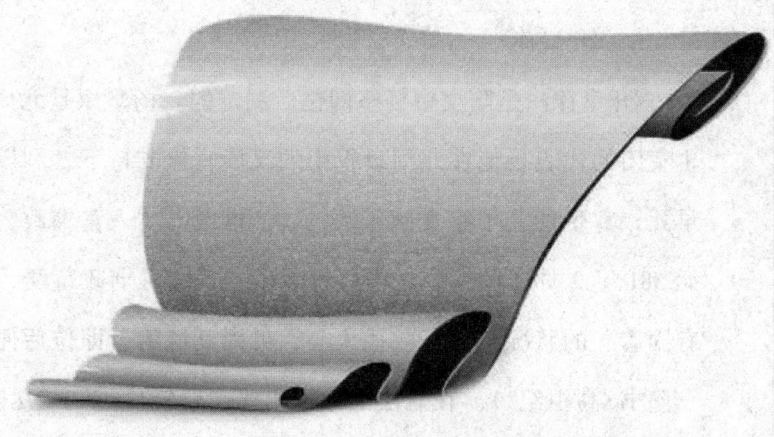

创新的法律制度文明

隋代从建国至灭亡，只历经了三帝三十余年。三十余年，在整个中国历史发展的长河里只不过是短短的一瞬，然而隋王朝所建立的丰功伟绩，隋代在前人的基础上所确立的政治、法律制度产生的影响却是深远的。这固然是由于隋文帝杨坚结束了魏晋南北朝长期分裂和混战的局面，又一次完成了全国的统一；同时也是由于所建立的政治法律制度，从内容到形式更趋于完备，更能适应封建地主阶级统治的需要。隋王朝虽然是一个短命王朝，但它的成功与失败却为后的唐王朝的统治留下了经验。从隋开始，中国封建经济便开始走向一个新的发展时期。

隋代先后颁行了两部法典，即：《开皇律》和《大业律》。除律之外，还有令、格、式。《开皇律》和《大业律》现已不存，令、格、式等也早已散失。但《隋书》的《刑法志》中保存了些微内容。

1.《开皇律》

《开皇律》是隋文帝杨坚即位后制定的。杨坚原是北周贵族，关陇地主集团的代表。他在北周政权中的汉族官僚支持下，利用周宣帝宇文赟早死，宣帝的儿子宇文阐年幼，被"推戴""入宫辅政"的机会，于公元581年2月夺取帝位。杨坚目睹了"宣帝时刑政苛酷，群心崩骇，莫有固志"的状况，为了收揽人心，巩固其统治，即位后便着手进行改革（《隋书·高祖纪》）。在立法上他提出要"以轻代重""尽除苛惨"（《隋书·高祖纪》),他指出自古以来没有一成不变的法,法应因时而宜,不要死守旧制。开皇元年(581年)杨坚即命高颎、郑译、杨素等制定新律。开皇三年(583年)"因览刑部奏,断狱数犹至万条,以为律尚严密,故人多陷罪"(《隋书·刑法志》),又命苏威、牛弘等更定新律。这就是《开皇律》。按照隋文帝杨坚的上述指导思想,《开皇律》在"上采魏、晋刑典,下至齐、梁,沿革轻重,取其折衷"的基础上,对封建法律进行了一些重要改革。

这些改革主要是:

第一,在刑罚上,进一步废除了某些酷刑。中国封建法律中的酷刑,自战国、秦汉以来沿用已久,至北魏和北齐,法定死刑仍有车裂、枭首、斩、绞等四种,《开皇律》废除了车裂、枭首,保留了绞、斩。《开皇律》对死刑之外的其他刑罚也略有减轻,确定的刑名共有五种:一、死刑二:绞、斩;二、流刑三:一千里、一千五百里、二千里;三、徒刑五:一年、一年半、二年、二年半、三年;四、杖刑五:自六十至一百,每等加十;五、笞刑五:自十至五十,每等加十。上述笞、杖、徒、流、死五种刑罚,为隋以后各封建王朝所沿用。

第二,将北齐律的"十条重罪"发展为"十恶之条"。所谓"十恶"是指危害封建地主阶级政治统治和伦理道德的十种严重的犯罪行为。它是在封建法律的发展过程中逐步被提出的。其中部分罪名,如大逆、不敬、不孝、不道等,在秦汉法律中已经出现,至北齐始形成"十条重罪"。《开皇律》在北齐律的基础上"颇有损益",进一步概括为"十恶之条"。有关"十恶"的规定,也为隋以后各朝代的封建法典所沿用。

第三,肯定了官僚贵族的种种特权。其中包括"八议""减""赎"和"官当"等制度。《隋书·刑法志》:"其在八议之科及官品第七以上犯罪,皆例减一等,其品第九以上犯者听赎。"《开皇律》还规定了各种刑罚的赎

隋朝开国皇帝隋文帝杨坚

铜数："笞十者铜一斤，加至杖百则十斤。徒一年赎铜二十斤，每等则加铜十斤，三年则六十斤矣。流一千里赎铜八十斤，每等则加铜十斤，二千里则百斤矣。二死（即绞、斩）皆赎铜百二十斤。"所谓"官当"，即以官品抵应受之刑罚。"犯私罪以官当徒者，五品以上，一官当徒二年，九品以上一官当徒一年；当流者，三流同比徒三年。若犯公罪者，徒各加一年，当流者各加一等"（《隋书·刑法志》）。从上述规定可以看出，官越高，钱越多，特权也就越大。它充分表明了《开皇律》的等级特权性质。

正因为《开皇律》对封建法律进行了某些改革，所以就更能反映地主阶级的意志和要求，对以后的封建立法产生了巨大的影响。

2.《大业律》

《大业律》为隋炀帝杨广即位后颁行。据《隋书·刑法志》："炀帝即位，以高祖禁网深刻，又敕修律令，除十恶之条。"《刑法志》还记载："三年，新律成，凡五百条，为十八篇，诏施行之，谓之《大业律》。"《大业律》是谁编撰的呢？《玉海·诏令》："大业二年十月，更制大业律，牛弘等造。"《隋书·刘炫传》："炀帝即位，牛弘引炫修律。"由以上记载可知，《大业律》是炀帝命牛弘等人编撰，颁行于大业三年，其用刑较《开皇律》有所减轻。

隋代除先后颁行《开皇律》和《大业律》之外，还先后颁行了《开皇令》《大业令》各三十卷。从《唐六典·刑部郎中令》注记《开皇令》三十卷的篇名看,内容主要是职官、选举、俸禄、礼仪和经济方面的法律规定。《大业令》篇目业已不存,其内容应与《开皇令》类似。

《开皇律》《大业律》均颁行于文帝和炀帝即位初年,一般说,他们当时对形势都还能保持比较冷静的头脑,正确总结历史经验。不过,随着生产恢复,承平日久,在立法和司法上曾经指导隋统治者的思想日益淡薄。文帝末年,便由"慎刑恤狱"变为"喜怒不恒""用法益峻"。甚至"命盗一钱以上皆弃市,或三人共盗一瓜,事发即死",致使"天下懔懔"(《资治通鉴·隋纪二》)。炀帝目睹文帝晚年法令严酷产生的种种弊病,即位后曾减轻刑罚,但由于他骄横淫侈,赋敛无度,不久便置法律于不顾,大兴法外用刑。

炀帝"敕天下窃盗已上,罪无轻重,不待闻奏皆斩"。在他的支持下,"郡县官人又各专威福,生杀任情"。杨玄感起兵后,竟施九族之诛,"其尤重者,行轘裂、枭首之刑,或磔而射之,命公卿已下脔瞰其肉"(《隋书·刑法志》)。隋炀帝的法外酷刑,不仅未能镇压人民的反抗,而且大大激化了与农民阶级的矛盾,加速了隋王朝的覆灭。

 **官制改革:三省六部制**

在魏晋南北朝时期,三省制就已经露出雏形,中枢机构先后有尚书、中书和门下,职权分配是中书取旨,门下审议,然后由尚书执行。这种职权

分割能够起到相互制约、相互补充的作用，避免权臣将各种权力集于一身。同时这种集体负责制又能发挥众多官员的共同智慧，减少决策失误，保证政令畅通。但是，在这一时期，三大机构职能发挥并未有机结合，也未形成制度。由于皇权的任意倾斜，权力重心往往随人而转，随事而异，职权结构不稳定，有时尚书省权倾一时，有时门下省把持朝政，有时中书省总领机要。到隋唐时期，三省制基本稳定下来，并进一步规范化、体制化，从而在中国官制史上创造了一个崭新的中央政权辅政机构。

三省制将中书省、门下省和尚书省并列设置，以中书省长官中书令、门下省长官侍中和尚书省长官尚书令行使宰相职权，共议朝政。中书省在隋朝称内史省，唐代一度改称西台、凤阁、紫薇省。中书省长官中书令在唐代又称西台右相、凤阁令、紫薇令，有两员，原为正三品官阶，后调为正二品，佐天子掌大令。副长官为中书侍郎，也是两员，正三品官阶，可以参议邦国大政。中书省重要属官还有中书舍人六人，正五品官阶，职掌草拟制书敕旨，帮助中书令审阅尚书省六部的奏章，并在奏章上署名，送皇帝呈阅。如果有重大军政事务，则先由中书舍人共同拟定对策，提出书面意见，再由中书省长官审阅确定，最后经门下省复核上奏。在中书省任职的官员大多才思敏捷，才华出众。

尚书省的前身是秦、汉时的尚书署，隶属于九卿中的少府，专门掌管收发皇帝诏命及臣下奏章。东汉时，尚书署被改称尚书台，职权较秦、汉时有所扩大。各级官府的奏章全都呈送到尚书台，由它拆阅、判定、记录、转呈、代奏。它负责将皇帝的命令拟成诏旨，直接发给三公九卿，还负责官吏的选举、任免、考课等，同时还兼管国家的刑狱。此时的尚书台，名义上虽仍属少府，实际上已成为管理国家行政事务的行政中枢机关。到了曹魏、两晋时，尚书台又被改为尚书省。这时的尚书省，组织机构已逐渐完备，尚书令、左右仆射为尚书省最高行政长官，总领省务，参议国政。尚书又下设各曹，而且各有分工，分别掌管国家的官吏任免、军事、财政、民户、礼仪、国家工程等事务。但此时的统治者为了防止尚书省权力过重，便将纳臣下奏章、代皇帝批诏令的权力转移到中书省。到东晋、南朝宋、齐时，尚书省的权力又有所加重，所以南朝梁、陈，又开始加重中书省的权力，以限制尚书省的权力。在北朝，北魏初即仿晋制设尚书省，到魏孝文帝改制后，尚书省已成为全国的行政中枢机构。

门下省在魏、晋、南朝初期是门下诸省的泛称。东汉时，宫中有侍中寺，是门下三寺之一。三国曹魏、两晋时，宫中黄门下设侍中省和散骑省，东晋时又增设西省，于是便开始被泛称"门下三省"。此时，门下三省的权力已明显加重，它代替了中书省行使纳奏、拟诏、出令的职权。南朝刘宋时，门下的散骑省被改称集书省，主管图书文翰，权力大大减轻。南朝萧齐、梁、陈时，门下省又专指寺中省，其职责除领内侍诸署、侍奉皇帝生活起居、侍从左右傧相威仪、顾问应对等以外，还兼管纳奏、封还、出令、驳奏，同时又负责审核中书省所拟皇帝草诏，上呈臣僚奏事，下传皇帝旨意。如有密奏、密诏，可不经中书省、尚书省，直接封转颁行。到北朝、北魏末、北齐时，门下省权力已极重，当时对门下省有"政归门下"的说法。

"三省制"的实行，使三省之间相互牵制，一方面体现了决策程序的合理性，另一方面也有利于皇帝控制操纵，便于皇权的加强。同时，"三省制"的实行，对隋以后所有封建王朝的官僚政治制度起到了一锤定音的效果。

梦回隋唐——一本书读懂隋唐文明

科举开创，改善用人制度

科举选士制度是在隋炀帝大业年间正式确立的。这一制度的确立有着深刻的时代背景。首先它是社会经济发展和地主阶级内部不同阶层关系变动的必然结果。南北朝时期，随着门阀贵族势力的腐朽和没落，庶族地主的政治经济势力迅速壮大，帝王将相开始崛起于寒门，如南宋开国之君刘裕出生于"阡街陋巷"，而"旧时王谢堂前燕"，也已"飞入寻常百姓家"。其次，九品中正制已经名存实亡，并造成了严重的政治后果，直接导致原来的"高门华第有及世之荣、庶族寒门无仕进之路"的政治权力分配格局彻底崩溃。最后，科举制度在南北朝时期已经开始萌芽，南梁、北齐的明经取士，已经显示出强大的生命力，它取代旧制度只是时间的问题。

隋朝建立后，隋文帝为了笼络各个阶层的士大夫，增强政权的政治凝聚力，于公元587年下诏设立"志行修谨"和"清平干济"两科，以选拔人才，充实各级政权机关，这是开科取士的开端。公元607年，隋炀帝正式下诏设"进士科"，规定用定期统一考试的办法，选拔进士。到唐朝时期科举取士得到进一步完善，并成为制度。考试内容明确，组织措施细密，科目也越来越多，最多时达到40多种，最常举行的有进士和明经两科，几乎每年举行一次。

科举制度在唐代继续实行并得到很大发展。唐代的科举分为常科和制科。

常科包括秀才、明经、进士、明法、明书、明算等六科。秀才为最高科等，所试内容为方略策，要求应举者熟悉经史，精通经世治国的方略。这对于缺少经史知识、醉心词华的唐初士子来说，是很难达到的，因此他们往往不敢投考秀才科。明经主要考两部儒家经典，唐初，明经是按照经的章疏试策，这使许多举子不读正经，只是把与对策有关的章疏义条抄录下来进行背诵。高宗调露二年（680年）开始加试帖经，即取经书中的一行，把其中几个字蒙住，让考试者填充。这样儒家经典的背诵就成为明经录取的先决条件，这样一来，应举明经者死记硬背，不求义理的情况更为严重。进士在唐初考试时务策五道。当时衡量策文的标准是看词华。进士科主要走文学取士的道路，成为选拔政治人才的主要来源。明法科试律、令各一部。明书科试《说文》《字林》，帖试、口试并通，然后试策，要求通训诂，兼会杂体。明算科考试以《九章算术》《周髀算经》等十部算经为基础，要求明数造术，辨明术理。

常科的应举者主要是生徒和乡贡。前者是国子监所统国子学、太学、四门学、律学、书学和算学的学生，以及在弘文馆、崇文馆学习的皇亲、权贵子孙；后者是指不在馆学的举子，自己在州、县报名，经县、州逐级考试合格，由州府举送到尚书省参加常科考试。特别值得注意的是，武则天长安二年（702年）创立武举，亦是常举，由兵部主持，主要是选拔一般武官，而不是选拔将帅之才。

制科是由皇帝临时确定科目下制举行的，名目很多。如高宗时先后有词赡文学科、词殚文律科、文学优赡科；武则天时先后有超拔群类、绝伦科；玄宗时有文史兼优、博学通艺以及武足安边、智谋将帅、军谋越众等科，但基本上没有重复的。科目的变化，反映了对人才的不同要求。参加制科考试者可以有出身、有官职，也可以既无出身，也无官职，并且可以连续应举。制举是统治者收买人心的重要手段，它对于发现卓有才能的官吏，

也发挥了很大的作用。

随着科举录取人数的不断增加,科举出身者担任高级官吏的比重不断提高,唐朝的科举制度日益重要起来。唐初每年科举录取的人数很少,40年间才有290人,科举入仕者在官员中的比重很小,但从高宗时起,在高级官吏特别是宰相中的比例却在不断增加,到玄宗开元二十二年(734年)前已经占三分之二,但以后这一情况一度发生逆转,直到宪宗(806—820年)起,科举出身者才重新在宰相和其他高级官吏中占据多数,并且稳定地持续下去,从而奠定了中国封建社会后期高级官吏由科举出身者担任这种格局的基础。科举制历经宋元明清各代,只在元代前期稍有中断。各朝统治者根据各自的政治要求改革科举制,使之日益复杂严密,在封建政治生活中发挥着举足轻重的作用。

知识链接

荒唐太子李承乾

唐太宗的嫡长子李承乾,因619年出生在长安承乾殿,而得此名。626年10月,太宗册封当时年仅8岁的李承乾为太子。李承乾自幼就十分聪颖敏捷,太宗对他疼爱有加,还精心挑选了众人敬仰的臣子给他做老师,以便很好地教导他。起初,李承乾奋发向上,顾全大局,深得太宗和众大臣的认可,太宗出京时也总是让他代替理政。642年,太宗下令任何人都不得干涉太子的花费用度,使太子养成了挥霍无度、肆意奢侈的恶习。643年2月,李承乾谋反之事败露。同年4月,唐太宗下令废除李承乾太子之位,将其贬为平民,并关押在右领军。9月,李承乾徙往黔州,没过多久就猝然死去了。

新赋役制：租庸调、均田制

由于隋朝后期，繁重的赋税和徭役，加上隋末的战乱，人民纷纷逃亡，大量的农民成为流民，出现了"田畴多荒"的局面。唐王朝为了巩固统治，发展封建社会经济，增加赋税收入，于公元624年（武德七年），唐高祖李渊下令继续推行"均田制"和推行新的"租庸调制"。

均田制是租庸调推行的前提。唐王朝曾先后多次对原有的均田制进行整顿，并把那些"王役不供，簿籍不挂"的流民和客户，固定在国家的均田土地上，检括出客户80余万户。安排他们进行农业生产，免除他们五年之内的租调。只向这些人征收每丁一千五百文的税钱。

同时，由于庶族地主实行租佃契约，使一些世袭的客户和部曲，变成了佃农的身份和均田农民。这样使国家登记的有征税依据的户口大大地增加了，尤其是"贞观"以后全国的户口逐年增加，从"贞观"前的全国300万户，发展到最高的公元755年，全国户数达8914709户，有人口52919309人。这样使以人丁为征税依据的"租庸调"有了可靠的基础。

唐代的均田制规定是：凡百姓18岁以上的中男（原来定男人11岁至17岁为中男，到唐代的均田制实行时虽超过18岁，但仍称中男）和丁男，每人受口分田80亩，永业田20亩；老男（60岁以上的男人）和有残疾的男子受口分田40亩，寡妻妾受口分田30亩（不为户主的不受永业田），这些人如果为户主的话，每人可受永业田20亩，口分田30亩。一个家庭中的

妇女、部曲、奴隶都不受田。

官僚贵族从亲王至公、侯、伯、子、男爵受永业田从一百顷至五顷；职事官员从一品到九品受永业田从六十顷递降至二顷；散官五品以上的受永业田同职事官。勋官从上柱国到云骑和武骑尉受永业田三十顷至六十亩。此外各级官僚、官府还分别按级别领有多少不变的职分田和公廨田；职分田的地租作为官僚俸禄的补充，公廨田的地租作为官署的办公费用，这两种田的所有权归国家。

官僚贵族的永业田和赐田可以自由买卖，百姓迁移和无力丧葬的，准许出卖永业田；百姓迁移到人少地多的地方的，准许卖口分田，买地的数量不得超过本人应占的田地的法定数额，一般情况下，永业田可以传给子孙，"口分田"归农民使用，死后由政府收回。

在此前提下，唐朝实行"租庸调制"，因为均田是以丁为依据，因此赋税的征收也是以丁为依据。即18岁以上中男和丁男，每丁每年向国家交纳粟二石，称为租；交纳绢二丈、绵三两或布二丈五尺、麻三斤，称作调；每丁每年要服徭役20天，如不服役，可按每天输绢三尺或布三尺七寸五分，这称作庸，也称作"输庸代役"（此外手工业工匠，每年每人也要服役20天，也可纳钱代役）。上述三者合称为"租庸调制"。

对边远地区的少数民族的赋税——"租庸调"给予减半征收。对边远岭南州实行分户缴纳田赋。

唐代租庸调的征收，原来是由政府把封地上纳税的丁户，拨给食实封户（也称封家），这些丁户的租调是由封家征收（庸一直是政府自己征收），后因封家侵吞应归国家那一部分的租调（扣除一部分给封家作为食实封外），封家在对封户征收租调时又百般勒索，有的还拿租调做买卖，放高利贷。鉴于此，唐玄宗于公元715年进行改革，改为租调一律由各级地方政府统一征收，然后集中汇解中央政府，至于封家的食实封，都向政

唐高祖李渊

府领取，不准封家再自行到封地收索。这是赋税征收管理上的一次改革，它改变过去那种"坐扣赋税"的办法，也防止贪污赋税，便于政府及时、足额集中使用。

在唐代的租庸调这一赋税制度里，不同于前代的是"输庸代役"。农民可以用绢、布代役，手工业工匠可以用钱代役（这虽始于隋朝，但真正得到全面推行的，则还是在唐朝），它使农民和手工业者能有更多的时间来从事生产劳动。同时劳动人民的负担，相对地比过去轻些，理论上在一定的程度改善了劳动人民的处境。因此，租庸调的实行，对当时农业生产的发展和国家财政收入的增加，都起了一定的积极作用。

唐朝的"租庸调制"前后共实行了120多年时间，直到新的赋税制度——"两税法"的实行后才停止。

漫谈唐朝两税法改革

唐安史之乱后,土地兼并剧烈,户籍管理混乱,均田制逐步遭破坏瓦解,以丁和户为征税依据的赋税制度失去基础。而此时藩镇林立,地方不服从中央,赋税征敛紊乱,横征暴敛以养兵对抗朝廷,民怨沸腾,中央财政困难,唐政府遂于建中元年(780年)宣布实行新的税制,即"两税法"。

唐王朝于公元780年,由宰相杨炎提出实行新的赋税制度——"两税法"。并规定:"今后除两税外,辄率一钱以枉法论。"取消"租庸调"和其他杂税。不分主户、客户,也不分定居或行商一律依据占有的土地和财产的多寡征收一定的地税和户税;分为秋夏两次征收,所以称之为"两税法"。夏税限六月交纳完成,秋税限于十一月交纳完成。

唐代的两税征收,是按照每年政府的财政开支预算数额核实全国税收征收总额,依照各县、府的土地和财产的情况分配赋税征课任务,由县、府依赋税任务征收两税的。

其主要规定是:

户税,它是按照资产的多少进行征收的,它名义上以货币定额征收的,但在征收时,实际上都折算为绢帛课纳,真正征钱的只有很少部分。按资产的多寡,把天下户分成九等,然后按户等定额进行征税。第一等上上户年税四千文、第二等上中户年税三千五百文、第三第上下户年税三千文、第四等中上户年税二千五百文、第五等中中户年税二千文、第六等中下户年税一千五百文、第七等下上户年税一千文、第八等下中户年税七百文、第九等下下户年税五百文。

现任的官员也要纳户税，其标准比照九户等进行纳税。即一品官相等于上上户，其余类推。工商店、行、铺、炉冶按规模的大小规定等级进行纳户税。各种流亡客户、客庄户、寄住户、权时寄居户等一律在居住地，依八、九户等（即下中户、下下户）的标准缴纳户税。

对不定居的商贾，为了使之与定居的人实现税收负担上的平衡，依其资产总值征户税三十分之一。后改为征收十分之一的户税。

地税：它是征米，是按土地的亩数及土质的肥瘠征收的，也是定额征收。地税是由唐初的"义仓税"发展而来的，公元628年，唐太宗下令，各州县建置"义仓"，规定王公以下的土地，每亩年税二升，以备荒年之需。但到唐中宗以后，政府的财政收入日益减少，义仓存粮已不再是救荒之用了，而是全部用作填补政府的财政亏空。义仓粮于是正式成为一项国家正常财政收入。"义仓税"也就正式改为"地税"。

公元769年，唐代宗下令规定地税征收的标准：上等田每亩年税一斗，下等田每年税五升。两税法中还规定，如果一户数处做官或数处有田庄者，得按官品和田庄土地亩数在各处分别缴纳户税和地税。

在两税法中，户税是依据资产征收的，地税是依据田亩征收的，而土地是当时资产的主要内容，因此两税实际主要是依土地的多少而征收的。

两税法的实行是由于"均田制"的破坏，土地占有情况越来越不均衡的结果。两税法的推行，使税负比较均衡，它唯以资产为依据，不以人丁为本，资产少者则其税少，资产多者则其税多。

同时，两税法的实行还扩大纳税面。它大大地增加了唐王朝的财政收入。实行两税法以后，全国全年税收征收数可达一千三百零五万六千零七十贯（不包括盐税等杂税），比没有实行两税法前，国家的财政收入增加了

一倍以上。

两税法的实行是我国赋税史上的一项重要改革,对以后的朝代影响极大,"历代相沿,至明不改",前后沿用一千余年之久,它改变了秦汉以来那种只问丁身、不问资产的赋税制度。在其初行之时,对贫富在税收负担上的不均状况有所改变。但两税法却存在着因资产容易隐匿而偷漏税的问题。

 官吏俸禄制度的改革

隋代,国家官吏的俸禄制度较前代相比,有了新的变化。首先是中央和地方官吏各有标准序列,二者不相统属,而不是传统的从中央到地方垂直而下依次递减的一贯制。对于中央官僚序列而言,一品官每年俸禄为900石,正二品为700石,依次递减,一直到从九品的40石。地方官在职务高低的基础上,按照州县大小、事务繁简、职责轻重不同,俸禄各有等差,相同的行政区域享受不同的待遇。以州而言,共分上上、上中、上下、中上、中中、中下、下上、下中、下下九个等级,上上州的刺史年俸为600石,下下州的刺史年俸才300石,级别相同,待遇差别大;郡一级的同样如此划分,上上郡的郡太守年俸340石,下下郡的太守年俸100石;县一级的官俸同样如此,上上县的县令年俸为140石,下下县的县令年俸为60石。

各级官吏除了享受年俸以外,还有数目不等的职分田。中央一品官有职分田5顷,九品官有职分田1顷。各级地方官也有数目不等的职分田,职分田的收入全部归官员享受，不纳赋税钱粮。但是职分田不准买卖，离任后要移交给接任的官员。另外，为了解决办公经费，国家还拨给各级地方政府一定数量的土地，称之为"公廨田"，公廨田的收入充作各级官吏的办公费用。九品以下的官吏和州县的小吏没有俸禄，主要靠公廨田的收入。

随着社会的稳定和生产的发展，唐代官员的物质生活待遇要好于隋代，表现在俸禄的范围大大扩展，除了禄米、职分田以外，还有数量不等的俸钱。如正一品官的禄米为700石，俸钱为9.8万钱，职分田达到12顷，依次减少，九品官的禄米为40石，俸钱1300钱，职分田2顷。这是雷打不动的法定收入。此外，官员还有名目繁多的烤火费、办公费、衣料费等等，服侍官员的家人仆从，他们的生活费用也由国家支付，为数相当可观，如国家每个月支付给一品官仆从费用约2万钱。这些费用全部由官员支配，可见官员的隐形收入也不算少。另外，政府还要授予各级官吏一定数目的"永业田"，如正一品授永业田60顷，正二品为35顷，九品官也有2顷。这些永业田一旦授予官员，就不再收回，可以传给子孙，如果官员世代做官，仅靠家中累世积累的永业田就能成为大地主。与隋代一样，唐代各级政府都有一定数量的"公廨本钱"，充作办公费用或者支付各级下属官吏的衣食。有些官员经常挪用公廨本钱放高利贷，利息很高，借贷者"破产甚众"；有的则用来经商，利用权势囤积居奇，欺行霸市，残害商民。

唐朝国祚长达289年，是中国历史上的长命王朝之一，官吏的新老接替极为重要，唐朝官员的致仕制度也得到了很大的完善。唐政府规定，高级官员"年七十听致仕"，如果因病提前致仕也予以批准。贞观年间，兵部尚书李靖因患脚疾，不能料理军务，64岁时要求致仕，唐太宗马上批准。他说自古以来，身居富贵而不贪恋禄位者极少，尸位素餐、体力衰竭而不肯让贤者居多，像李靖这样顾全大局、不以人误政的做法值得提倡，因此，赐予灵寿杖一支，以示恩宠。当然如果身体依然强健，年过70岁也可继续从

政。唐代致仕官吏有职务品级的限定。唐朝初年规定，凡是请求致仕的官员，五品以上直接向皇帝提出；六品以下的官员由尚书省的吏部统一登记，向皇帝报批，唐文宗时规定，只有京官五品以上、地方官四品以上级别的官吏才有申请致仕的资格，其他官吏听其自便。

官员致仕后一般享受在职时俸禄的一半，从致仕批准之日起，由官员居住地的官仓支付。对于少数德高望重、职位尊崇的致仕大臣，朝廷往往赐以"全俸"，享受与在职时一样的待遇。如太子宾客刘知柔致仕时，"给全俸终身"，宰相房玄龄、宋璟致仕时，也被赐以全俸。这是一种很体面的待遇，得到者都以此为荣。官员致仕后，除了半俸外，还有永业田作为收入来源，所以，都能够衣食无忧，安度晚年。

官员致仕后，国家并非弃之不问，而是给以适当的安置，让其继续发挥余热。一是设置散官。所谓散官就是有官阶、官名而无实际职权的荣誉职务。散官设置始于隋朝，当时的设想是让这些具备丰富政治经验的官员起到顾问的作用，散官名号有开府仪同三司、特进、光禄大夫等，加在致仕官员身上，使他们有资格继续在朝廷行走，能够参与朝政，随时备皇帝顾问。如魏征致仕后，被加官"特进"；宰相刘仁轨因病要求致仕，皇帝先加官为金紫光禄大夫，然后才批准他致仕。二是赐予公房。政府在一些风景名胜之区修建一些住房，让致仕官员居住，使其颐养天年，直至谢世为止，这仅限于一些地位尊崇的少数大臣。对于一般官员，则大多让他们回归故里安度晚年。

对一些因公殉职或者在职病死的官员，政府也有一定的抚恤措施。其一是赏以荣阶，特别是一些位高望尊的高官大员，一般追赠爵号、谥号，升其官阶。如湄州刺史钱九陇在职去世，政府追封他为左武卫大将军、潭州都督。其二是官员去世的当月，俸禄照发，并且增发一个月的俸钱。如果死亡的官员家中人丁稀少，无力扶柩还乡，当地政府部门要派人护送，使其安全回到故乡安葬。对于因公殉职或者作战阵亡的官吏遗属，政府还要经常派官员前往探视，并定期送钱送物，安抚其遗孀子女。

 ## 唐七军的创新文明

唐代军阵一般由七军组成，包括中军一军，左右虞候各一军，左右厢各二军。因此，唐军战斗队形编成及变化的规则和方法，称为"七军阵法"。根据《通典》《武经总要》《武备志》《李卫公问对》等史籍中关于李靖论阵法的记载，唐代七军阵法有了一些新的创造和发展。

首先是兵力兵器编组配置，比较适合发挥各种兵种或兵器的长处与优势。一般各军内奇兵与正兵比例为二比七。正、奇兵编组位置如下：弩手居前，其次为弓手；再次为战锋队步兵；后为马军、跳荡、奇兵；再后为驻队。开战时，弩手在距敌150步时发箭；弓手在离敌60步时发箭；离敌20步时，弓弩手扔掉弓弩，持刀棒与战锋队步兵一齐杀入敌阵。马军、跳荡、奇兵通常不动。如步兵受挫，跳荡、奇兵、马军即上前击敌，退回的步兵休整后继续出战。如敌败退，奇兵与马军追击溃敌，驻队不动。如营垒不牢，则从各军抽调兵力充实驻军，坚守营垒。如营垒坚固，辎重无虞，驻军也可出战迎敌。战阵内由主将通过旗帜、鼓、角等工具进行指挥。

其次是七军阵形有所创新，出现了六花阵、横阵、竖阵、行引方阵、撤退阵法等不同阵形变化。

六花阵，因其方营布局像六出花而得名。据《李卫公问对》等记载，六

花阵为李靖所创。此阵通常以中军居中，六军居外，大阵包小阵，大营含子营，各阵营间互相衔接，不同兵种合理配置，具有协同、集中、机动等优点。据《武备志》卷60说，六花阵又有六花方阵、六花圆阵、六花曲阵、六花直阵、六花锐阵五种阵形。

横阵，将七军府兵分作两梯队，前面为战队，后面为驻队。每队按弩手在前、弓手次之，然后步兵的顺序梯次配置。马军各在当队后，驻军左右，下马立。听鼓音响，弩手、弓手先后发箭，步军、马军等依次出战。

竖阵，即将弩手、弓手和战锋队混合编组，相间引前；后为跳荡、奇兵；两驻队两边相掩护，进攻时按横阵之法依次接战。此阵用于攻击恃险固守之敌。

行引方阵，也就是护送辎重等的行进阵形，将辎重分成四分队在两道中间前进，战锋队也分成四分队在两道两侧行军。如遇敌，四个辎重分队退居中间，四个战锋分队掩挡四面来敌。

撤退阵法，即隔队抽队撤退阵法。具体方法是隔一队抽一队，所抽之队撤至阵后百步立阵，未抽之队阻击敌人掩护撤退。已撤之队到达指定地点后，准备兵器迎敌，而后撤前队。前队也后撤阵后百步立阵，准备掩护前队撤退，如此循环往复，前队、后队互相掩护，撤出战斗。这种边战边退的阵法多为后世兵家作撤退战术使用。

知识链接

《唐律疏议》

永徽二年（651年），长孙无忌等受唐高宗之命，对《贞观律》稍加修改，制定出了《永徽律》。考虑到不同审判机关可能会对法律条文有不同的理解，致使审判结果大相径庭，于是，永徽三年，唐高宗又命令长孙无忌等对《永徽律》的律文逐条进行解释，称"疏议"。这部分解释的内容，阐明了《永徽律》的精神实质、重要原则制度的源流演变和立法意图；同时，疏议还就法律适用中的疑难问题设问作答，以达到指导审判机关正确使用的目的。这些内容附于律文之下，与律文有同样的法律效力，"自是断狱者皆引疏分析之"。永徽四年，《永徽律疏》完成，经唐高宗批准颁行天下。后世将以《永徽律疏》为主体的唐朝律法和解释相结合的法典称为《唐律疏议》。《唐律疏议》是我国现存最早的完整法典。《唐律疏议》以其丰富的内容、严谨的体系和鲜明的特色成为中华法系的代表性法典，并对当时周围其他亚洲国家和后世各王朝的封建立法产生了极为深远的影响。

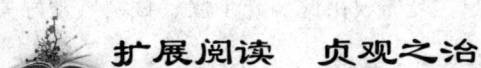
扩展阅读　贞观之治

唐太宗亲历了隋朝末年的动荡，所以他才能更深刻地吸取隋朝灭亡的教训。

唐太宗登基以后，便着手实施了一些对国家和百姓都有利的举措。他大施仁政，不但放归了一批宫女侍卫，还减免苛捐杂税，缓和了阶级矛盾。此外，他大力提倡勤俭节约，使社会形成了一种安定、祥和的氛围，为恢复生产、巩固政权提供了良好的条件。

唐太宗还大力整顿律法，严惩贪赃枉法的官吏。他不主张使用严酷的律法，认为如果朝廷能够任用廉洁的官员，做到勤俭爱民，使老百姓衣食无忧，自然就不会有违法犯罪的事情发生了。当然，他对触犯国法的人也

唐太宗李世民

决不姑息。

在外交上,太宗一面采取措施积极抵御北部突厥人的进犯,一面主张以和为贵,提倡文教,停息武备,减少战乱。太宗稳定了边疆局势以后,大力设置属地州县,妥善安排归附军民的生活。这一时期,边境的战祸明显减少、矛盾趋于缓和,太宗因此被北方各族人民尊称为"天可汗"。此外,太宗还把文成公主嫁往吐蕃,由此揭开了汉、藏两族友好关系的新篇章,为中国的多民族融合奠定了基础。

唐太宗执政期间,社会稳定、人丁兴旺、百废俱兴。他勤于朝政,积极吸取隋末农民起义的教训,颁布实施一系列惠国惠民的开明政策,不仅巩固了唐朝政权,还迅速恢复和发展了社会生产,使社会走进了一个相对稳定和谐的新阶段。这一时期,封建生产力迅猛发展,无论经济、政治、外交还是文化领域都取得了辉煌的成就,唐朝在世界上的声望也迅速提高,到达巅峰。这段时期被史学家称为"贞观之治"。

唐朝是中国历史上最辉煌的封建王朝,而贞观年间又是我国历史上最强盛的时期。这一切,都与唐太宗李世民的努力紧密相连。

第二章

四通八达
——盛世隋唐的交通动脉

隋唐时期是我国封建社会繁荣和统一的多民族国家发展的重要时期,其交通的繁荣是以往朝代无法比拟的。隋唐是中国古代交通发展的重要时期,交通运输业取得较大发展。主要集中在隋唐水陆交通路线、交通工具、交通制度与设施、交通文化等方面。

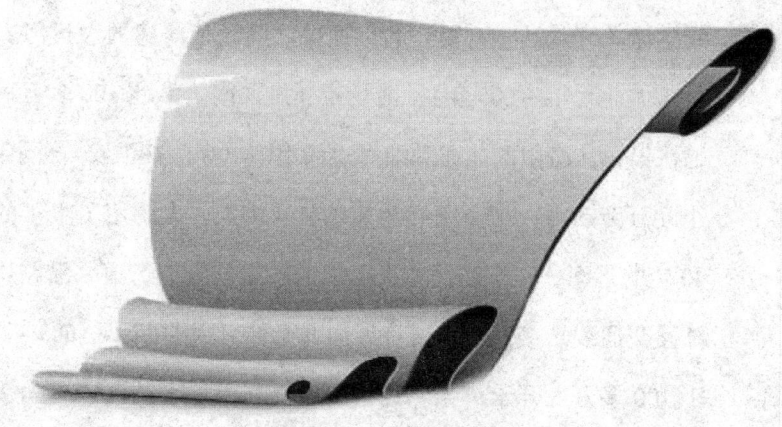

隋朝大运河，沟通南北

7世纪初，我国人民开凿了四千华里的大运河，一举改变了我国古代的交通布局和经济发展态势。从此，历代封建王朝的建都，都要考虑大运河的因素；国家的稳定和发展，也首先要考虑大运河的畅通与否。

隋朝为了巩固政权和统一的局面，在政治上要进一步控制新统一的东南地区，加强对南方的统治；在军事上在东北部涿郡（今北京）建立据点，要把军需物资输送到北方；在经济上，隋朝在长安和洛阳等地区集中了大量的官吏和军队，需要充足的粮食供应。如何解决南粮北运，是隋王朝亟待解决的问题。利用天然河流和旧有渠道，开凿横贯诸水、贯通南北的运河，是当时解决上述问题的好办法。当然，隋炀帝开运河还有他怀恋江都（今江苏扬州）的繁华，想去巡游享乐的个人动机。

隋朝大运河的开凿始于隋文帝时代，当时引渭水从大兴城（即长安城）到达潼关，长达300里，名广通渠。隋炀帝修建的大运河，工程分四段进行。大业元年（605年），隋炀帝征发江南、淮北100多万民工，在北方修通济渠，从洛阳西苑通到淮河边的山阳（今江苏淮安）。同年，又征发淮南十几万劳动力，把山阳邗沟加以疏通扩大。大约用了半年的时间，一条宽40步的运河——邗沟修成了。河的两岸修筑成御道，沿路榆柳夹道，又是陆路交通线。接着，从通济渠向北延伸。大业四年（608年），征发河北民工100多万人开永济渠。这条河主要利用沁水的河道，南接黄河，北通涿郡。大业六年（610年），在长江以南开了一条江南河，从京口（今江苏镇江）引江水穿过太湖流域，直达钱塘江边的余杭（今浙江杭州）。前后用了不到6年的时间，大运河的全线工程告成。

隋朝大运河沟通了海河、黄河、淮河、长江、钱塘江五大河流。它以东都洛阳为中心，西通关中盆地，北抵华北平原，南达太湖流域，通航的范围大大超过以往。这条大运河长达1700多公里，是世界上伟大的工程之一。

隋炀帝开运河给人民带来了沉重的负担和巨大的灾难。大量民工死在工地上，千百万人民妻离子散，家破人亡。但是，大运河修成后，南北交通有显著的改进，它成了南北交通的大动脉，加强了南北的联系，对于我国经济文化的发展起了很大作用。

唐代发达的水上交通

唐代国内陆路交通发达，水上运输也很发达。

唐代的水上运输线，一是运河系统的运输线，以南北大运河为主干，包括各地方漕渠在内；二是长江水运线，从成都经三峡到扬州，顺及沔汉湘赣与太湖洞庭湖等天然水道在内；三是近海航线：北方的环渤海航线，中段由胶州湾到长江口；南段由长江口到广州，再延伸到交州。这三大水运系统，是交叉并行而互补的，再加上和畅达的陆路交通线相交织，就成了社会肌体上的大小动脉，维系着封建国家的生命。

唐人俗语有"水不载万"，意思是水上船只的装载量，一般不超过一万

石。其实，唐代江上船只，早就突破这个界限了。八九世纪之交，长江水面，有俞大娘航船，船上可以开巷为圃，种植瓜果蔬菜。船家生养送死嫁娶之事，全可在船上操办，仅船夫就雇佣了数百人之多。南到江西，北达淮南，每年只要往返一次，就能大获其利。这种私人巨型航船的出现，标志着唐代私营运输业的兴盛，也标志着私人造船业的发达。唐代的扬州、越州、常州、杭州、洪州，都是造船业发达之区，私人船只很多，且各种品类俱全。史载：当时湖北江西一带，江湖水泊上以船为家者极多，几乎占了邑居人口的一半。而富商必有大船，船上可以征歌逐舞，使婢唤仆，生活奢华，不受地方政府节制，且常常与官府相勾结。而一般船民，则以船谋生，出入风波之间，他们是逃不脱官府的征役的。当时江上之船，还有用飞轮击水航行的。《旧唐书·李皋传》说：李皋曾"运心巧思"，造作战舰，"挟二轮蹈之，翔风鼓浪，疾若挂帆席"。他所造的船舰，"省易而简固"。飞轮的使用，是造船技术史上的一大突破。唐宋时，洞庭湖一带这种足踏的飞轮船已为民间所用。也许它本来就是船民自己的发明。

长江水运线，在唐代可粗分为五段，第一为汶水（岷江）段，从成都以上起，下经嘉州（乐山）直至戎州（宜宾）。川西平原水网密布，自先秦李冰整治以来，水利事业代代兴隆。唐代成都织锦业发达，其外销水路，就靠这一段。其西侧的青衣水、大渡水和泸水沿线，有水陆通道分别通向雅州、汉源与越巂。第二段为川江段，自戎州经泸州、渝州（重庆）至万州。这段水道的北侧，有中汉水（内江）从汉州、资州流来，可通舟航。有涪江水与西汉水（嘉陵江）从川北而来，大部可通舟航，贯通巴蜀腹地的水陆交通，正是以西汉水等为主干的。第三段为三峡段，自万州以下，经奉节、巴东、夷陵（宜昌）到荆州（江陵）。这一段最为惊险，也最为紧要，是巴渝通往中原或荆扬的主要干道，当年沿江也有步道可行。第四段是江汉段，从江陵经鄂州（武汉）、岳州（岳阳）、江州（九江）直抵金陵（南京）。这是六朝以来连结荆扬的传统大江水道，自古以来就得到充分的开发利用。沔汉水系、洞庭湖水系、鄱阳湖水系，都有舟楫之利，使荆湘皖赣的经济交流与发展得到有力的保障。这一带江面宽阔，水流平稳，不仅商旅得其利，也是兵家用武之地。

大运河的运输，在唐代也分为好几段，特别是漕运，江湖一带的船舶，难以适应汝、泗、颍、济等北方水道。特别是黄河航道的水情，因而必须换驳。唐玄宗以前，江南州郡的租庸调，在每年正、二月间运至扬州，再进入运河漕道北运。但因水浅，需待四月才能渡淮入汴，而汴水又正在干涸期，船运停歇，须待到六七月份水涨才能运达河口（今河南河阴县）。而此时适逢黄河暴涨，要待入秋水势减杀才能漕运至洛。到洛阳后，要再转运长安的话，可沿偏道陆运，但"斗粮费斗金"，太不合算；若由黄入渭搞水运，又有砥柱之险，若能运达五分之四，即算成功。然唐初关中粮米所需不过二三十万石之数，到开元天宝之后，国家机器越来越庞大，"耗费浸广"，已不是一二百万石粮所能支持，因而改革由洛阳至长安的运输就紧迫地提出来了。名臣裴耀卿提出了分段漕运的方案：从扬州到楚州，为山阳渎段，即古邗沟段，用江航船漕运；由楚州入淮至泗州为淮水段，仍用南方大船漕运。到泗州换驳，即用北方船由淮入汴，运至河口县，此为汴水段；在河口县起岸，将南方漕粮暂屯于河口仓备运。从河口分两道西运，一为河漕，一为洛漕。洛漕转运至洛阳，供应东都。河漕要经三门，为避砥柱之险与黄河汛期之险，在河清县设柏崖仓，在三门东设集津仓。在三门西设三门仓和太原仓，其间视水情变化，节节运输，节节储备。过太原仓后西运关中就便捷了。在三门东西仓之间，曾一度开出北山夹道，转用陆路车运十八里，所费不多，又能避开覆没之险。天宝年间，每年运至长安的漕米达二百五十万石之多，尚有不敷支用之虑。在这以前，玄宗常年驻于洛阳，即所谓"就食东都"。关中作为帝都所在，已经显现出它的逼促迫狭而无法支撑的

缺点来了,以致此后的王朝就不再建都于长安。安史之乱以后,唐代漕运出现了严重的人为危机。代宗时,有位名吏刘晏,此人很有政治才干。他曾以御史大夫身份,领东都河南江淮转运租庸盐铁常平使,后迁吏部尚书,又领益湖南荆南山南东道转运常平铸钱使,努力筹划财政,取得不少成绩,克服了安史之乱带来的严重危机。

此外,唐人还十分重视对渭水与灵渠漕运的维护。

灵渠,秦始皇时派史禄等人开通的,是秦汉时溯湘入桂的主要孔道,当时可以通航,后来淤塞了。到唐敬宗时(825—826),大臣李渤在灵渠上立陡门(闸)以通漕运;不久又停废了。唐懿宗年间(860—873),在桂州刺史鱼孟威的主持下,整修大小天平,重建斗门(船闸),从此灵渠可通巨舟,极大地方便了岭南与中原的交通运输。这一体制一直维持下来,对宋、明时期的水运也起了很大作用。

渭水漕运,秦汉就十分重视,为了节省运费与灌溉农田,历代都在渭水南北两侧修建人工渠。唐代玄宗天宝三载(744年),陕州刺史韦坚,从长安城西开渠"因古渠至华阴入渭",便是疏理关中漕运的重要一举。通过此渠每年可运二百五十万石米入关,唐玄宗很高兴,提拔韦坚当了转运使。从此,他就不必带领满朝文武"就食东都"了。

为了解决江南河入大江处的覆没之患,齐澣曾在润州(江苏镇江)开伊娄渠,使直达扬子江。又在泗州与楚州之间疏浚广济渠新水道,以避开淮水入洪泽湖的波涛震荡之苦。另,李齐物有见于三门峡河路湍急,便于三门之北凿石渠,以通漕船。这些工程,大多完成在开元年间(713—741)。此前的武德年间(618—626),曾在陇州开五节堰以通水运;永徽年间(650—655),曾在今山东河北交界处开无棣河沟通渤海与永济渠(大运河北段),所谓"新河得通舟楫利,直达沧海鱼盐至",对解决这一带的民生颇有功益。

另外，唐代还有近海航运。武则天时，营州州治设在柳城（今辽宁朝阳）。为牵制奚与契丹，此地有重兵驻守，其供应就仰仗于海道运输。开元年间，宋庆礼为检校营州都督，在营州开屯田八十余所，立村寨召集流民，开店肆召引胡商，数年间仓廪实而"罢海运，免运输之劳"。（《旧唐书·良吏传》）可见很有成效。不过，史载开元十四年七月"沧州大风，海运船没者十一二，失平卢军粮五千余石，舟人皆死"。（《旧唐书·五行志》）说明营州海运并未完全废弃，仍在进行着。这是北段近海航线。至于从山东半岛跨海通航辽东半岛或朝鲜半岛者，则多为战争需要，日常来往正史多无记载。然而敦煌发现的唐代《水部式》中，却分明记录着登州、莱州、沧州、瀛州（河间府）的海运水手三千四百人之姓名，证明山东—河北—辽宁的近海航线一直在经营着。杜甫诗《后出塞》："云帆转辽海，粳稻来东吴"，简洁地交代了东海海运的盛况。南方海运，《旧唐书·懿宗纪》也有所记载：咸通三年（862年），安南战事吃紧，唐政府调江西湖南军前往救援，令湖南取道湘江溯灵渠南运。但运输艰难，大军乏食。有润州人陈磻石者上书皇帝："臣有奇计，以馈两军。"皇帝召见了他，他建议说臣弟陈昕恩曾任雷州刺史，家人随海船至福建往来，大船一只可致千石，自福建装船不一月至广州。得船数十艘，便可致三万石至广府矣。他又引六朝刘裕走海路破卢循起义军故事，说明海道可行。懿宗和廷臣商量之后，任命陈磻石为盐铁巡官，往杨子院专督海运。从这条史料可知：闽广海道，一直是畅通的。奇怪的是唐政府居然不知管理，以至于陈磻石还把它视为"奇计"而献给当政者。

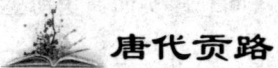

唐代贡路

唐代贡路,可划分为东、西两组,西部以长安为枢纽,东部以洛阳为中心。

从长安出发的贡路有六条:①正北方,从渭北过郝州(富县)、夏州,抵河套上的安北都护府,即中受降城。这条线路的基本走向与路段,与秦直道相一致;过河套后有条支线折向西北,又与六朝时通西域的新北道走向相一致,很有战略意义。②正西方,由长安西去雍县(凤翔),分道,或西北向上邽(天水)、兰州、肃州、瓜州,直抵安西都护府(龟兹)或北庭都护府(庭州),接通丝绸之路的中段、西段。或从雍州折向西南经大散关、剑阁直达益州;然后接西南夷道,通向邛、雅(四川雅安)、嶲(越嶲)、姚(云南姚安)。③从长安出发,正南方通过子午谷可去汉中。这是长安竹木建材的主要供给线,经济上很重要。④东南方通往蓝田、商洛与武关,去今河南邓县与湖北襄阳。分途,向西折向今四川之达县、万县、忠县、涪陵、重庆等地,当年涪陵荔枝即由此道送长安,"一骑红尘",历经川、鄂、豫、陕,也算不易了。另一条线从襄阳向南通往荆州、武陵(常德)、潭州(长沙)、桂州(桂林)、梧州,再转东南方向的广州。这是秦汉以来中原与岭南的传统通道,其作用十分明显,具有经济意义和战略意义。当年黄巢由广州北上攻至江陵,走的大致就是这条路线。可与滇桂线相联,南下可通往交趾。又可从广州出海,就是唐人说的"通海夷道"了。⑤从长安向东过潼关到洛阳，水路有渭黄漕运线，包括关中的龙首渠、广通渠在内；陆路有经华阴、陕州、新安至洛阳的主线，又有经蓝田、洛南、卢氏、宜阳至洛阳的偏线。在这两条平行线上，客舍比比皆是，商旅络绎不绝，有私人"驿驴"供旅客租用。交通十分兴旺。⑥从长安向东北方向渡过黄河经蒲州去晋州（临汾）、北都（太原）、雁门，然后分道，或北上云州（大同）；或东过飞狐道去幽蓟，通往辽海。

以洛阳为中心的交通大道主要有：①向北过黄河到怀州（沁阳）分道，一去山西上党、晋阳；一去河内卫州（汲县）、相州（安阳），再北上幽、蓟，转辽海，并往黑龙江中下游流域延伸。也可从怀州、卫州向魏州（大名）、齐州（济南），去山东半岛成山角。这组由洛阳北上的线路，周秦以来一直辛苦地经营着，是洛阳通往晋中与河内、河北的主要干道。它把河东、河内、河北、山东地区联结起来，对于控扼塞外与关东，具有重要战略意义。②从洛阳往东，经郑州到汴州（开封），或东向兖州，连接齐鲁的曹兖淄青莱学各州。或从汴州东南向徐州、泗州、楚州（淮阴）、扬州，渡江以后向浙江、福建延伸，与近海航线相配合，成为一条重要的经济大动脉。它与大运河中段、南段大致平行，而且将苏皖闽浙贯通起来了。在唐宋时期，它发挥了很大的经济作用。③另有从郑州向汴州、宋州经寿春一线，可直达庐州（合肥）与江宁（南京）。④从汴州向光州、黄州一线，经江州（九江）、洪州（南昌）、虔州（赣州）向南，跨越大庾岭可通往韶州与广州。这条南北干道，直到明清之际，都是中原与岭南联系的重要通道，其功用不下于由永州、桂州、梧州通向广州的传统大道。⑤另外，从洛阳南下，经信阳到随州、安陆，再转鄂州（武汉）、岳州（岳阳）、潭州（长沙），再去衡州、永州（零陵）接通桂州与广州，是又一条重要的南北通道。若换个角度，从当时的经济重镇如成都、江陵（荆州）、扬州、广州的方位看去，它们也是各自所在地区的交通枢纽。就广州来说，就是一种四通八达的形势，

自成一方中心。由广州向东有滨海通道，可以联接潮州、漳州、泉州、福州，这是黄巢由闽入粤的交通线。而且有近海航线相连，再北上可以直达长江口。从广州向西傍海而进，可以直达安南都护府，即今越南的河内。至于通往滇、黔、湘、桂、赣各地的干道，则不必重复了。再就成都来说，它除前述过秦岭通往汉中、关中与陇西的干线外，除前述通往邛、雅（雅安）、隽（西昌）、姚（姚安）的干线外，还可通过长江水运线，与渝州（重庆）、万州（万县）、荆州、江州、扬州联结起来。杜甫诗句"即从巴峡穿巫峡，便下襄阳向洛阳"，说的则是另一条水陆联运线；利用岷江、川江，到荆州，再由陆路北上襄阳、南阳去洛阳。荆州是长江中游的商品集散地，扬州是长江、大运河的交汇处，其水陆交通网络通联全国各地，自不待言。此外，在大北方，有幽州、太原与敦煌等城，处于战略要地，控扼着对东北、对漠北、对西北的国际交通线，唐政府也十分重视对这些地方的交通投入。

唐政府除对上述国家干道倍加注意外，在各州县之间，还修筑了地方干道，各县之间，也有大道相通，这样层层级级，构成一个覆盖全国的巨大而稠密的交通网络，水陆通联，江海并举，使全国经济文化交流空前活跃起来。盛唐时期，由长安通往敦煌、疏勒、成都、荆州、广州、扬州、洛阳、蓬莱、太原、幽州、中受降城等地的干道上，除国家驿使馆舍外，夹道有店肆待客，酒食丰足，还有私驴可供租用。"忆昔开元全盛日，远行不劳吉日出"，讲的就是这种交通形势。

 隋唐时期的桥梁

隋唐时期是中国社会经济空前繁荣的时期，同时也是中国桥梁技术空前发展的时期。《唐六典》记载："凡天下造舟之梁四，石柱之梁四，木柱之梁三。巨梁十有一，皆国工修之。其余皆所管州县，随时营葺。"就是说，唐代有 11 座大型桥梁由中央政府负责维修，其余桥梁由当地州县政府负责维修。中央政府负责维修的 11 座桥梁，包括 4 座浮桥、4 座石柱梁桥、3 座木柱梁桥。这 4 座浮桥就是架设于黄河的蒲津浮桥、大阳浮桥（山西运城市平陆县古称大阳县）、孟津浮桥，以及架设于洛河的孝义浮桥（郑州市巩义市孝义镇）；这 4 座石柱梁桥就是架设于洛河的天津桥、永济桥（洛阳市宜阳县）、中桥，以及架设于灞水的灞桥；这 3 座木柱梁桥就是"渭河三桥"。中国桥梁史上著名的赵州桥、小商桥、天津桥、宝带桥，以及蒲津浮桥、塔城铁索桥，都是隋唐时期交通发展的杰作。

一是"赵州桥"。赵州桥又称"安济桥"，横跨于石家庄市赵县城南约 2.5 公里的洨河，始建于隋文帝开皇十五年（595 年），竣工于隋炀帝大业元年（605 年），是世界上现存最古老的"敞肩式石拱桥"。1961 年它被列为"全国重点文物保护单位"；1991 年被"美国土木工程师协会"评定为"国际土木工程历史古迹"。

二是"小商桥"。小商桥位于河南漯河市郾城区商桥镇，是小商河（颍河故道）上著名的古桥，俗称"隋桥"，是当时郑州通往南阳、徐州通往西峡

033

（河南南阳市西峡县）、漯河通往界首（安徽阜阳市界首市）三条交通干道的枢纽。小商桥初建于隋文帝开皇四年（584年），比河北赵州桥还早出21年，但现存的桥体结构已经是北宋重建的作品。2001年，小商桥被列为全国重点文物保护单位。

三是"天津桥"。天津桥遗址位于洛阳市老城区。隋炀帝大业元年（605年），"三月丁未（4月10日），诏尚书令杨素、纳言杨达、将作大匠宇文恺营建东京（洛阳）"，随之就修建天津桥。隋炀帝当年修建的天津桥是一座大型浮桥，长130步（约231米）。当时的洛河有"天河"之称，因此被誉为"天津桥"。天津桥北端是洛阳皇城的端门，南端是长达10里的定鼎门大街，正是当时洛阳城最繁华之地，后来形成"洛阳八景"之一，号称"天津晓月"。可惜仅仅过了12年，天津桥就被李密的瓦岗军一举焚毁。

四是"宝带桥"。宝带桥位于苏州葑门外约3公里，位于运河与澹台湖之间的玳玳河上，是一座多孔石拱桥，始建于唐宪宗元和元年（806年），"全桥总长近317米，有53孔，长249.8米，北端引道23.2米，南端引道43.8米。桥端宽6.1米，桥宽4.1米，桥堍（头）为喇叭状"。"宝带桥北逸有石塔和碑亭，碑亭以花岗石叠砌，单檐歇山构造，虽然比不上卢沟桥碑亭那样庄重精致，却也显得古朴素雅,碑亭内置石碑，碑上刻有清代张松声的《重修宝带桥》碑记"。唐代修建的宝带桥一直使用了426年，直到南宋绍定五年（1232年）重建。此后明英宗正统七年（1442年）又再度重建。清王朝时期，宝带桥两次被洪水损坏，先后于康熙九年（1670年）及道光十一年（1831年）修复。同治二年八月十六日（1863年9月28日），"洋枪队"击败太平军,攻占宝带桥。八月十九日（10月1日），"洋枪队"首领戈登下令拆除宝带桥主拱，结果造成接连26个桥拱轰然倒塌，压死淮军士兵5人。抗日战争时期，宝带桥残余桥拱被日军炸毁6处，实际上已是一片废墟。1956年春，苏州市政府修复宝带桥，使宝带桥与河北赵州桥、北京卢沟桥、扬州五亭桥、泸定铁索桥、潮州广济桥、晋江安平桥、晋祠十字桥、三江风雨桥、遵化五音桥并称"中国古代十大名桥"。2001年，宝带桥被列为全国重点文物保护单位。

五是"蒲津浮桥"。蒲津浮桥位于山西运城市永济市蒲州镇蒲津渡口。周景王四年（公元前541年），秦桓公赵荣的小儿子赵缄携带大量财物避居到晋国，曾经在此"造舟于河"，也就是架设第一座蒲津浮桥。周报王五十八年（公元前257年），"（秦军）攻汾城（山西临汾市襄汾县汾城镇），即从张唐（山西临汾市翼城县唐兴镇）攻占宁新中（河南安阳市殷都区），宁新中更名安阳。初作河桥"。后来曹操西征马超、韩遂，东魏高欢进攻西魏，也曾重新架设蒲津浮桥。大业十三年（617年）十一月，唐高祖李渊率军入关攻占长安，又再次架设蒲津浮桥。开元十二年（724年），唐玄宗决定改建蒲津浮桥，"两岸各用铸铁牛4只，4铁人策之，铁山2座，前后铁柱18根来固住浮桥，使浮桥发生了划时代的变化，成为较永久的桥梁。只要两岸铁牛存在，就有了锚定铁链的地方，浮桥能随时架起"。唐代诗人王之涣著名的《登鹳雀楼》，就创作于蒲津浮桥桥头。元代初年，蒲津浮桥毁于战火，从此淡出史籍。

六是"塔城铁索桥"。塔城铁索桥遗址位于云南丽江市玉龙县塔城乡，架设于长江上游的金沙江上，号称"西南第一桥"，也被视为"长江第一索桥"。武则天证圣元年（695年），吐蕃势力扩张到云南西北部及四川西南部，随即设置"神川都督府"，修建云南丽江塔城，并架设"神川铁桥"，即"塔城铁索桥"。据《新唐书》记载，吐蕃"以铁绠梁漾、濞二水，通西弥蛮,筑城戍之"。证明吐蕃当年修建的铁索桥不止一处，还有建于漾水和濞水的多处。唐中宗景龙元年（707年），唐将唐九征"毁垣夷城，建铁柱于滇池以勒功"。就是说，唐九征击败吐蕃军之后，曾经拆毁漾水和濞水等处铁索桥，将铁索熔铸成铁柱，立于昆明滇池，以纪念功绩。贞元十年（794年），唐

德宗李适册封南诏第三代国王异牟寻为"云南王",异牟寻随即率军数万人奔袭剑川(云南大理市剑川县)一举击溃吐蕃军,收复16座城市,俘获吐蕃军10余万人,将吐蕃势力逐出云南。《云南志》记载:"贞元十年(794年),南诏蒙异牟寻用军破东西两城,斩断铁桥,(吐蕃)大笼官已下投水死者以万计。"就是说,异牟寻为切断吐蕃军的退路,下令斩断塔城铁索桥,吐蕃军溃退之时,有上万人投入金沙江被淹死。目前云南丽江市玉龙县塔城乡塔札村附近,仍然残留有当年塔城铁索桥的遗迹。

塔城铁索桥既是中国第一座铁索桥,也是世界第一座铁索桥。据资料介绍,英国首次修建的铁索桥,是英格兰提兹河上的"温奇桥",建成于1741年,但只是一座设有缆索,没有桥面的简易索桥;1779年,英国修建的伊尔福德铁桥,设有3条铁索,跨度约30.5米,被视为珍贵文物保存,仅供观赏。美洲第一座铁索桥,是美国修建的尼亚加拉河铁索桥,位于美国与加拿大边境,1855年建成,跨度约250米。由此可见,中国修建铁索桥的历史,至少比欧美国家早出1000余年。

 隋唐时期的丝绸之路

永熙三年(534年),北魏分裂为东魏与西魏,内战随之加剧。西魏大统十二年(546年),突厥首领阿史那合并铁勒各部5万余户,崛起于阿尔泰山南麓。西魏废帝元年(552年),突厥击败柔然国,建立突厥汗国,很快就控制蒙古高原,并迅速渗透到西域各地。此后,北周和北齐为了扩展势

力展开内战，也开始向突厥汗国纳贡、和亲，导致突厥势力更加活跃，丝绸之路因此受到严重阻碍。

北周大定元年（581年），杨坚建立隋王朝之后，立即着手疏通西域交通线，开始采取强硬的对外政策，整合北方地区之国力应对突厥的侵扰。开皇二年（582年）十二月，突厥沙钵略可汗率军10余万人进攻周槃（甘肃庆阳市西峰区）。开皇三年四月十一日（583年5月8日），卫王杨爽率先反击突厥军；五月初六（6月1日），行军总管李晃击溃突厥军；五月二十五日（6月20日），行军元帅窦荣定再次击溃突厥军，突厥被迫请和。此后，突厥汗国分裂为"东突厥"和"西突厥"。开皇十九年（599年）十月，隋文帝册封东突厥突利可汗为"启民可汗"，逐渐扫除丝绸之路东段的障碍。隋炀帝即位之后，继续关注丝绸之路的疏通。大业四年（608年），隋炀帝一举击灭吐谷浑，控制了青海湖东岸及塔里木盆地。大业五年（609年），隋炀帝西巡到张掖郡（甘肃张掖市甘州区），设置西海郡（青海海南州共和县）、河源郡（青海海南州兴海县）、鄯善郡（新疆巴音郭楞州若羌县）、且末郡（新疆巴音郭榜州且末县），并接见西域27国使臣，举行盛况空前的"张掖博览会"。大业六年（610年）正月，隋炀帝下令大演百戏欢迎西域商人，洛阳城内的店铺全部用帷帐装饰一新，对西域客商免费提供食宿，使丝绸之路重新恢复繁荣。

隋末唐初，东突厥又开始不断侵扰。唐高祖武德九年六月初四（626年7月2日），秦王李世民发动"玄武门政变"，击杀皇太子李建成及齐王李元吉；六月初八（7月6日），李渊下诏立李世民为皇太子；八月初八（9月3日），李渊下诏退位，李世民继位称帝。八月十九日（9月14日），东突厥颉利可汗（大可汗）率军10余万人攻入武功（陕西咸阳市武功县），八月二十日（9月15日），东突厥军攻入高陵（西安市高陵县）；八月二十八日（9月23日），东突厥军进逼到长安城边的便桥（西渭桥），李世民亲率军到便

桥与东突厥颉利可汗隔岸对话。八月三十日（9月25日），李世民与东突厥颉利可汗刑白马盟誓，达成"渭水之盟"。贞观三年（629年）八月，李世民任命李靖为行军总管，开始出兵讨伐东突厥。贞观四年（630年）三月，东突厥颉利可汗兵败被俘，东突厥灭亡。唐高宗显庆二年（657年），唐王朝名将苏定方率军攻入西域各地，俘获西突厥可汗贺鲁，西突厥灭亡，丝绸之路又恢复畅通。

隋唐时期的丝绸之路，以洛阳（洛阳市老城区）为起点，可分为东、西两段。其东段从洛阳沿黄河西进，经过潼关到长安（西安市高新区），然后沿渭河继续西进，经过河西走廊到玉门关（甘肃酒泉市敦煌市小方盘城），行程约3000公里。其西段有三条路线，称为"西段北线""西段中线""西段南线"，均可以到达东罗马都城（土耳其伊斯坦布尔市），行程约1.2—1.3万公里。

"西段北线"出玉门关后，沿西北方向到伊州（新疆哈密地区哈密市），随后一路西向，经过蒲类（新疆哈密地区巴里坤县）、庭州（新疆昌吉州吉木萨尔县）、沙钵城（新疆昌吉州阜康市）、轮台（新疆昌吉州米泉市）、张保（新疆昌吉州昌吉市）、乌宰（新疆昌吉州玛纳斯县）、黑水（新疆塔城地区乌苏市）、石漆河（新疆博尔塔拉州精河县）、弓月城（新疆伊犁州霍城县）、碎叶（吉尔吉斯斯坦楚河州托克马克市），随后沿太湖（咸海）、里海北岸继续西进，经过萨莱（俄罗斯阿斯特拉罕）、第比利斯（格鲁吉亚首都），随即进入土耳其东北部，然后沿黑海南岸西向经过安卡拉（土耳其首都），直到东罗马都城（土耳其伊斯坦布尔市），行程约1.3万公里。

"西段中线"出玉门关后，沿西北方向到高昌（新疆吐鲁番地区吐鲁番市三堡乡），随后沿天山南麓西进，经过焉耆（新疆巴音郭楞州焉耆县）、龟兹（新疆阿克苏地区库车县）、姑墨（新疆阿克苏地区阿克苏市）、疏勒镇（新疆喀什地区喀什市），随后翻越葱岭，经过塔吉克斯坦、麦什德（伊朗东北部城市马什哈德)、萨卜泽瓦尔（伊朗东北部城市）、德黑兰（伊朗首都）、哈马丹（伊朗中西部城市）、巴库拜（伊拉克东部城市巴古拜）、巴格达（伊拉克首都）、拉马迪（伊拉克中部城市）、大马士革（叙利亚首都）、阿列颇（叙利亚西北部城市）、安条克（土耳其南部城市安塔基亚）、阿达纳（土耳其南部城市）、科尼亚（土耳其中南部城市）、布尔萨（土耳其西北部城市），直到东罗马都城（土耳其伊斯坦布尔市），行程约 1.2 万公里。

"西段南线"从阳关（甘肃酒泉市阿克塞县大红山）西向，经过楼兰（新疆罗布泊）、典合城（新疆巴音郭愣州若羌县）、播仙镇（新疆巴音郭楞州且末县）、兰城镇（新疆和田地区于田县）、于阗镇（新疆和田地区和田市）、皮山（新疆和田地区皮山县）、朱俱波（新疆喀什地区叶城县），到疏勒镇（新疆喀什地区喀什市）与西段中线会合。

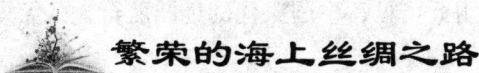 繁荣的海上丝绸之路

汉武帝时期，中国通往印度半岛的南海航线已经开通。从合浦（广西北海市合浦县）、徐闻（广东湛江市徐闻县）南下，经过日南郡（越南广治省东河市）、都元国（马来西亚丁家奴州）、皮宗国（马来西亚柔佛州香蕉岛）、夫甘都卢国（缅甸）、黄支国（印度泰米尔纳德邦），直到已程不国（斯里兰卡）的海航线被誉为"海上丝绸之路"；与此同时，秦代开通的朝鲜半岛及日本航线，也被誉为"东海丝绸之路"。唐王朝时期，海上丝绸之路继续延伸到西亚，以及北非、东非、西欧，"唐人"的盛名，由

此远播海外。

唐高宗永徽二年（651年），大食国（阿拉伯帝国）第三任哈里发奥斯曼首次遣使到达长安，此后直到唐德宗贞元十四年（798年）的148年间，阿拉伯帝国先后39次遣使入唐。从此，大量阿拉伯商人及伊斯兰教士也纷纷来到中国，海上丝绸之路开始出现空前繁荣。唐代著名地理学家贾耽所著《广州通海夷道》详细记录了东非航海线：从广州港南下，经过海南岛横渡北部湾；随即沿印度支那半岛东海岸继续南下，绕过暹罗湾、马来半岛，经过苏门答腊岛、爪哇岛，西出马六甲海峡，经过尼科巴群岛，横渡孟加拉湾，到达狮子国（斯里兰卡）；随后沿印度半岛继续西向航行，经过阿拉伯海、霍尔木兹海峡，到达波斯湾的阿巴丹。从阿巴丹溯阿拉伯河北上，可以到达巴士拉，继续沿底格里斯河北上可以到达巴格达；沿阿拉伯半岛继续西向经过巴林、阿曼、也门，横渡曼德海峡之后可以到达非洲东海岸；北上进入红海可以通往北非的埃及等地。贾耽本人当年从广州到巴士拉的航行时间是90多天，从巴士拉到东非的达累斯萨拉姆（坦桑尼亚首都）的航行时间是48天。由此可见，中国唐代的远洋航行，已经为后来郑和下西洋奠定了基础。

随着航海事业的日益繁荣，中国沿海逐渐形成以下个较大的港口。

其一是"交州港"。交州港即"比景港"，位于越南顺化市灵江口，是南海航行的必经之地，与广州之间约有4天航程。交州港南通南洋、印度洋，北通中国沿海口岸，是海上丝绸之路最重要的中继站。

其二是"广州港"。广州港位于广东珠江口，唐代发展成为中国第一大港，是唐代海上丝绸之路的主要口岸。唐玄宗开元二年（714年），设立广州市舶司，唐宪宗时期（806—820），又以岭南节度使兼任广州市舶使，进一步提高其地位，加强管理力度，履行征收"舶脚"（船税）、"阅货"（检查货物）、"收市"（收购珍宝）、"进奉"（接收礼品）、"抽解"（收

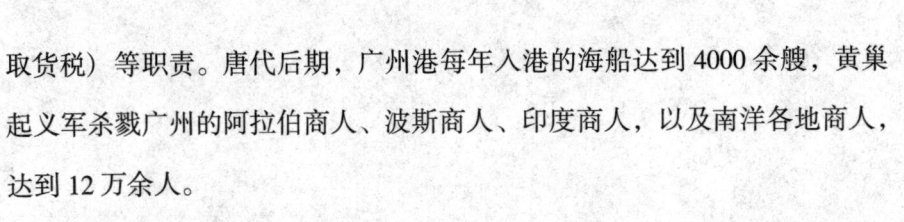

取货税）等职责。唐代后期，广州港每年入港的海船达到 4000 余艘，黄巢起义军杀戮广州的阿拉伯商人、波斯商人、印度商人，以及南洋各地商人，达到 12 万余人。

其三是"泉州港"。泉州港位于福建晋江的入海口，与广州港、明州港、扬州港并称"中国四大古港"。由于侨居泉州的阿拉伯商人、波斯商人较多，因此发展成为伊斯兰教的基地。

其四是"福州港"。福州港位于福建闽江口，其开发的历史比泉州港更为悠久，唐代后期曾设置市舶司。

其五是"明州港"。明州港即"宁波港"，位于浙江奉化江、余姚江、甬江的交汇之处，也是历史悠久的天然良港。唐代中后期，由于"南岛航线"与"南航线"的开辟，明州港成为东渡日本的主要口岸。

其六是"扬州港"。扬州港位于长江与运河的交汇处，是南北方的物资集散地，也是外国商人交易珠宝、丝绸、瓷器的主要市场。唐代的扬州号称"一扬二益（成都）"，是当时"富庶甲天下"之地。波斯商人、阿拉伯商人大量定居扬州，形成许多"波斯庄""波斯邸"。

其七是"登州港"。登州港即"蓬莱港"，位于山东半岛北端，是战国时期就已经开辟的古港。唐代的登州港一直是沟通朝鲜半岛及日本的重要口岸，也是中国丝织品出口东北亚的北方第一大港。

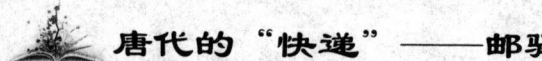
唐代的"快递"——邮驿

邮驿也称驿传，唐代的邮驿，兼有邮（公文传送）、传（公务输送）、驿（公务接待）的功能，统归尚书省兵部掌管。据《唐六典》记载，唐代兵部设有"驾部郎中一人（相当于今天的司长），从五品上；员外郎（副司长）一人，从六品上；主事三人，从九品上"，其职责是"掌邦国之舆辇、车乘，及天下之传、驿、厩、牧官私马、牛、杂畜之簿籍，辨其出入阑逸之政令，司其名数"。唐代共设置驿站1643所（水路驿站260所，水陆兼用驿站86所，陆路驿站1297所），工作人员达到2.5万余人（其中驿夫1.7万余人）。唐代最大的驿站配备有驿马75匹，最小的驿站也配备有驿马8匹，水路驿站通常配备驿船2—4艘。此外，各处驿站还根据需要配备有大量驿驴、驿驼、驿车。按照唐代每30里设置驿站计算，其驿道总行程应当有1.5万公里左右。

唐代邮驿的首要任务就是传送军令、军报。天宝十四载十一月初九（755年12月16日），安禄山在范阳（今北京市和河北省保定北）起兵发动叛乱，6天之后,唐玄宗就在华清宫（西安市临潼区华清池）获悉军报，两地相距约1800公里，其信息传递速度已经达到每昼夜300公里。唐代的政令，一般能够在两个月之内推行于全国，这显然也有赖于邮驿的畅通。为加强朝廷与全国各地的联系，唐代初期形成了"诸侯入朝"制度。贞观十七年十月一日（643年11月17日），唐太宗下诏："令就京城内闲坊。为诸州朝集使造邸第三百余所。"于是,长安皇城附近的待贤坊就成了全国各地行政长官的住宅区,后来又在长安城崇仁坊、平康坊等处开设"进奏院"。所谓"进奏院",就是各州府在首都的办事处兼招待所,其信息传播渠道显然还是邮驿系统。

唐玄宗时期,朝廷开始发布每天的朝政简报,成为当时最重要的政务信息。这些信息也是通过邮驿系统迅速传送到全国各地,被称为《开元杂报》。尽管《开元杂报》没有刊头封面,也没有编录期号,只是逐条罗列的手抄本"信息汇编",但是仍然不失为中国古代第一份官报,也是世界上报刊的首创。

唐代的邮驿系统,不仅是四通八达的交通系统,也是组织严密的政治系统,被视为封建王朝的生命线,重要路段还派遣有军队驻防,实行军事管制。唐代邮驿制度之完备,管理之严格,也是史无前例的。唐代邮驿制度主要由以下制度组成:

一是"伤亡传送"制度。《唐律》规定:"诸从征及从行、公使于所在身死,依令应送还本乡,违而不送者,杖一百。若伤病而医食有阙者,杖六十;因而致死者,徒一年";"即卒官,家无手力不能胜致者,仰部送还乡,违而不送者,亦杖一百"。就是说,凡是从军参战,或随行车驾,或因公出差死亡的人员,都应当按照规定传送还乡安葬。如果邮驿拒绝传送,就要处以100杖的刑罚;伤病人员返乡途中,邮驿如果不能保障其医疗和饮食,也要处以60杖的刑罚;如果因为缺乏医疗或饮食造成伤病人员死亡,更要处以1年的徒刑。异地任职的官员死于任所,如果家属无力送回家乡,也应当"部送还乡"。如果邮驿拒绝传送,也要处以100杖的刑罚。与此同时,《唐律》还明确规定:"诸应给传送,而限外剩取者,笞四十;计庸重者,坐赃论,罪止徒二年","若不应给而取者,加罪二等;强取者,各加一等。主司给与者,各与同罪。"就是说,虽然应当给予传送,但是如果超出规定,

格外占用邮驿的物资设备，当事者就要处以40鞭的刑罚，并且将非法占用部分以贪赃论罪，最多可处以2年徒刑。凡是拿走不应该拿走的公物者，就罪加二等；强行拿走公物者，又再罪加一等。如果是管理人员格外奉承供给，也一律按照同罪论处。

二是"品阶入驿"制度。《唐律》规定："私行人，职事五品以上、散官二品以上、爵国公以上，欲投驿止宿者，听之。边远及无村店之处，九品以上、勋官五品以上及爵，遇屯驿止宿，亦听。并不得辄受供给。谓私行人不应入驿而入者，笞四十。辄受供给，准赃虽少，皆杖一百；计赃得罪重于杖一百者，准盗论。虽应入驿，准令不合受供给而受，亦与不应入驿人同罪。强者，各加二等。"就是说，凡是私人事务，任职官员五品以上，候补官员二品以上，或国公爵位以上，可以投宿驿站；边远无客栈的地区，任职官员九品以上，候补官员五品以上，或者县公爵位以上，也可以投宿驿站，但是都不能享受相应的因公供给标准。凡是不够资格而投宿驿站者，就要处以40鞭的刑罚；格外索取驿站供给者，即使数量不大，也要处以100杖的刑罚，超过100杖罪责者，就按照盗窃罪论处；强行索要者，更要加重二等处罚。

三是"用驿限量"制度。《唐律》规定给驿："职事三品以上若王，四匹；四品及国公以上，三匹；五品及爵三品以上，二匹；散官、前官各递减职事官一匹；余官爵及无品人，各一匹，皆数外别给驿驴"；"诸增乘驿马者，一匹徒一年，（又）一匹加一等。主司知情与同罪，不知情者勿论。"就是说，按照驿马供给标准，三品以上职官及王爵者，供给4匹马；四品职官及国公爵位者，供给3匹马；五品职官及三品散官（有官衔无官职的闲官），供给2匹马；六品职官及四品散官，供给1匹马；其余职官及散官，供给1匹驴。凡是超过供给标准者，多用1匹马，就处以1年徒刑；再多用1匹马，就罪加一等；如果格外占用驿马的行程超过1个驿站者，又罪加一等；管理人员如果知情听任不管，也要按照同罪论处。

四是"枉道处罚"制度。《唐律》规定："诸乘驿马辄枉道者，一里杖一百，五里加一等，罪止徒二年。越至他所者，各加一等。经驿不换马者，杖八十。"就是说，因公乘用驿马如果擅自超出行程范围，就应当按照绕道里程来回计算，每超出1里路程，就处以100杖刑罚，超出5里就罪加一等，最多可处以2年徒刑；如果一直"枉道"超出到下一个驿站，更要罪加一等。经过沿途驿站不换乘马匹者，也要处以80杖刑罚。

五是"行李限重"制度。《唐律》规定："诸应乘官马、牛、驼、骡、驴，私驮物不得过十斤，违者，一斤笞十，十斤加一等，罪止杖八十"；"其乘车者，不得过三十斤，违者，五斤笞十，二十斤加一等，罪止徒一年。即从军征讨者，各加二等"；"若数人共驮载者，各从其限为坐。监当主司知而听者，并计所知，同私驮载法"；"诸乘驿马赍私物，一斤杖六十，十斤加一等罪止徒一年。驿驴减二等"。就是说，因公乘用驿马、驿牛、驿驼、驿骡、驿驴者，其私人随身行李不得超过10斤（约6.62公斤）；超重10斤以内者，按照每斤处以10鞭刑罚；超重10斤以上者，罪加一等，最多可处以80杖刑罚；因公乘坐驿车者，其私人衣物等随身行李不得超过30斤（约19.9公斤），超重20斤以内者，按照每5斤处以10鞭刑罚；超重达20斤以上，就罪加一等，最多可处以1年徒刑；如果是多人同行，则应当分别计量；监管人员如果听任超载，也要按照同罪论处。如果私下携带随身行李之外的物品，每斤就要处以60杖的刑罚；如果超过10斤还要罪加一等，最多可以处以1年徒刑。

六是"驿使计程"制度。《唐律》规定："给驿者，给铜龙传符；无传符处，为纸券。量事缓急，注驿数于符契上，据此驿数以为行程，稽此程者，一日杖八十，二日加一等，罪止徒二年"；"若军务要速，加三等；有所废阙者，违一日，加役流；以故陷败户口、军人、城戍者，绞"。就是说，

向驿使交付驿件的同时，也要交付铜质的通行传符，或者纸质的通行证券，并注明应当经过的驿站及日程。凡是耽误日程者，耽误1天就要处以80杖刑罚，耽误2天就罪加一等，最多可以处以2年徒刑。如果是耽误军情急件，更要加重三等执行处罚；造成贻误军机者，除主刑外，还要处以流放的徒刑；造成严重后果者，就要处以绞刑。

七是"文书遣驿"制度。《唐律》规定："诸文书应遣驿而不遣驿，凡不应遣驿而遣驿者，杖一百。"就是说，应当交付驿传的文书不交付驿传，或者不应当交付驿传的文书交付驿传，都要处以100杖的刑罚。

八是"受寄处罚"制度。《唐律》规定："诸驿使无故，以书寄人行之及受寄者，徒一年。若致稽程，以行者为首，驿使为从；即为军事警急而稽留者，以驿使为首，行者为从。"就是说，驿使如果没有特殊情况，私下托付他人寄送驿件，寄托人和受寄人均要处以1年徒刑。如果造成延误，以受寄人为主犯；如果是军情急件造成延误，以寄托人为主犯。

九是"误时处罚"制度。《唐律》规定："诸公事应行而稽留，及事有期会而违者，一日笞三十，三日加一等。过杖一百，十日加一等，罪止徒一年半。"就是说，稽留应当发送的驿件，造成延误期限者，每延误1天就处以30鞭的刑罚；延误3天就罪加一等；罪责超过100杖之后，每延误10日就加重一等处罚，直到判处1年半徒刑。

十是"误诣处罚"制度。《唐律》规定："诸驿使受书，不依题署，误诣他所者，随所稽留以行书稽程论减二等。若由题署者误，坐其题署者。"就是说，如果驿使弄错驿件地址，误送到别处，就按照延误驿件时间的规定减轻二等执行处罚。如果是驿件签发有误，就处罚签发者。

十一是"符节管理"制度。《唐律》规定："诸用符节，事讫应输纳而稽留者，一日笞五十，二日加一等，十日徒一年。"就是说，驿使的专项通行符节，事后必须及时交还，未及时交还者，每稽留1天，就要处以50鞭的刑罚；稽留2天，就罪加一等；稽留10天，就要处以1年徒刑。

十二是"驿畜保护"制度。《唐律》规定："诸乘驾官畜产，而脊破领穿，疮三寸，笞二十；五寸以上，笞五十。"就是说，凡是使用驿畜不当，造成驿畜脊部或颈部受伤者，伤口达到3寸，就要处以20鞭的刑罚；伤口达到5寸，就要处以50鞭的刑罚。

十三是"驿马调驯"制度。《唐律》规定："诸官马乘用不调习者，一匹笞二十，五匹加一等，罪止杖一百。"就是说，唐代规定凡是提供驿用的马匹，必须进行定期调训。如果有1匹驿马未调训者，就要处以20鞭的刑罚；如果有5匹驿马未调训者，就要罪加一等，最多可处以100杖的刑罚。

 严格的唐代交通法规

　　唐代是比较重视法制的时代，唐代的法律体系已经涵盖了民事、刑事，以及经济生活的各个方面，其中也包含交通管理。从现存的唐代文献看，唐代关于交通管理的立法也比较完备。《唐六典》记载凡文法之名有四："一曰律，二曰令，三曰格，四曰式"，"凡律以正刑定罪，令以设范立制，格以禁违正邪，式以轨物程事"。就是说，唐代有"律""令""格""式"等4种法律形式。《永徽律》是根据《武德律》和《贞观律》编撰的法典，共20篇502条，唐高宗永徽二年（651年）颁行，是中国现存最完备的一部封建法典，全文保存在《唐律疏议》中；唐令已经佚失，日本学者仁井田升及池田温等人根据现存的古文献进行复原，先后出版《唐令拾遗》及《唐

令拾遗补》，部分弥补了唐令的缺失；至于唐代的"格"与"式"，目前仅有少量出土文书的残卷，先后汇编为《唐神龙散颁刑部格残卷》《开元水部式残卷》。因此，目前仍然难以窥见唐代交通管理制度的全貌，只能略知其一二。

一是"右侧通行"制度。《新唐书》记载："先是京师晨暮传呼以警众，后置鼓代之，俗曰'冬冬鼓'。品官旧服止黄紫，于是三品服紫，四品五品朱，六品七品绿，八品九品青；城门入由左，出由右；飞驿以达警急；纳居人地租；宿卫大小番直；截驿马尾；城门、卫舍、守捉士，月散配诸县，各取一，以防其过，皆（马）周建白。"意思就是，唐代京师长安的治安管理，原先是采用早晚沿街传呼的方式警示民众，执行城门的开启或关闭，后来改用击鼓的方式，被民间称为"冬冬鼓"；唐代官服原本只有黄色和紫色，难以识别品级，后来改为三品以上官服紫色，四五品官服红色，六七品官服绿色，八九品官服青色；以及"城门入由左，出由右"的制度、"飞驿以达传警"制度、"居民纳租"制度、"截驿马尾"制度、"轮流宿卫"制度，都是出于马周的建议。其中所谓"城门入由左，出由右"的规定，应当就是传袭至今的"右侧通行"制度；所谓"飞驿以达传警"的规定，应当就是类似于警车鸣警的快速通行制度；所谓"截驿马尾"的规定，也应当就是类似于消防车涂红色，工程抢险车涂黄色的优先通行制度，这些规定显然都是便于维护交通秩序的有效法规。

二是"道路规避"制度。唐代《仪制令》规定的道路规避原则是："诸行路巷街，贱避贵，少避老，轻避重，去避来。"具体规定是："属官于街衢相遇，隔品者致敬，礼绝者下马，无回避之文"；"三品已上遇亲王于路，不合下马诸官人在路相遇者，四品已下遇正一品，东宫官四品已下遇三师，诸司郎中遇丞相，皆下马"；"凡道士、女道士、僧、尼于道路遇五品以上官者，隐（回避）"。此外，水路航行也有"溯上者避沿流"的规矩，也就是上行船避让下行船的制度。

三是"津济管理"制度。《唐律》规定其津济之处，应造桥、航（浮桥）及应置船、筏，而不造置及擅移桥济者，杖七十；停废行人者，杖一百。也就是说，凡是必须提供渡河条件之处，应当修建桥梁，或搭建浮桥，或提供船筏摆渡。如果不提供必要的渡河条件，或者擅自移动桥梁渡口者，主管官员就要受到70杖的处罚；如果擅自撤除桥梁或渡口，造成行人交通中断者，更要受到100杖的处罚。

四是"行船责任"制度。《唐律》规定："诸船人行船、茹船、写漏、安标宿止不如法，若船筏应回避而不回避者，笞五十；以故损失官私财物者，坐赃论减五等；杀伤人者，减斗杀伤三等；其于湍碛尤难之处，致有损害者，又减二等。监临主司，各减一等。卒遇风浪者，勿论。"所谓"船人"，就是驾船之人；所谓"茹船"，就是堵塞船缝；所谓"写漏"，就是清除船舱的漏水；所谓"安标宿止"，就是指船舶到港埠或码头停靠之后必须设置停船标志，以便于过往船只及旅客识别。如果违反这些规定，或者不实行航行安全避让，就要处以50鞭的刑罚；如果因此造成财物损失，就要按照偷盗财物的律条减轻五等执行处罚；如果因此造成人身伤害，就要按照斗杀伤人的律条减轻三等执行处罚；如果因为险滩、激流造成损害，可以减轻二等执行处罚；如果有主管官吏执行临场监督时造成损害，还可以减轻一等执行处罚，只有突然遭遇不可抗拒的风浪所造成的损害，才可以免于处罚。

五是"禁止超载"制度。《唐律》规定：凡是乘坐官船者，规定每人可以携带随身衣物和粮食200斤（约132.4公斤）。如果受人寄托而超重，每超重50斤（约33.1公斤）或1个人，受寄人和寄托人就要分别处以50鞭的刑罚；如果超重100斤（约66.2公斤）或超载两个人，就要分别处以100杖的刑罚；只要装载上船，无论行程远近，都要照章论处，但不追究处理随

行人员。如果超重更多，就按每超重100斤或两个人，分别罪加一等；超重最严重者，可以处以2年徒刑。如果是军人违反"禁止超重"的规定，处罚更为严厉。"从军征讨者，各加二等。监当主司知而听之，与同罪。空船者，不用此律。"具体是，军人超重"五十斤及一人，各杖七十；一百斤及二人，各徒一年半；每一百斤及二人，各加一等，罪止徒三年"。而且"监船官司知乘船人私载、受寄者，与寄之者罪同"。如果是"空船，虽私载、受寄，准行程无违者，并悉无罪"。就是说，如果主管官员知道超载而不执行规定，也要受相同的处罚，如果是空船航行，不影响船舶安全，主管官员可以不承担责任，但当事人仍然要受到处罚。

六是"行驶计程"制度。《唐律》规定：唐代对各种交通工具的行驶日程均有明确规定，船舶行驶不同河段的日程也有所区别。如果因为经过险要河段，或遭遇风浪、浅滩等特殊情况，不能按照日程要求行驶，也必须获取当地官府的书面证明，才允许折半计算日程。

七是"道路限行"制度。《唐律》规定：禁止在城市街巷奔驰车马，违章者处以50鞭的刑罚。如果造成人身伤害，就必须按照故意伤害罪减轻一等处罚；如果伤害牲畜或损坏财产也必须照价赔偿；如果是因为紧急公务或私人大事，可以不追究违章刑罚，但造成事故伤害者，仍然要按照故意伤害罪论处；如果是因为牲畜惊骇造成交通事故伤害，可以出钱赎罪，减轻二等执行处罚，其赎罪款项全部用于补偿受害者的损失。

八是"路政维护"制度。《唐律》规定：凡是侵占道路者，都要处以70杖的刑罚；如果只是种植物侵占道路，则处以50鞭的刑罚，但必须恢复道路畅通；如果只是种植物越界但并未妨碍交通，也可以免于刑罚；如果穿墙向街道排泄污秽，就要处以60杖的刑罚；如果只是正常排水，也可以免于处罚；如果管理人员不制止擅自排污的行为，也将被处以同等刑罚。

九是"道路治安"制度。《唐律》规定：凡是向城市住宅或道路射箭，就要处以 60 杖的刑罚；即使是用弹弓射击或投掷瓦石，也要处以 40 鞭的刑罚；如果因此造成伤害，就要按照故意伤害罪减轻一等执行处罚。

《唐律》还明确规定：凡是在道路上安放触发式射击物，或者挖掘坑凼，就要处以 100 杖的刑罚，因此造成伤害者，就按照故意伤害罪减轻一等执行处罚；如果设有明显标志，也可以减轻一等处罚。如果是因为山林湖泊有猛兽出入而实施捕杀，也必须设置明显标志；如果不设置标志，仍然要处以 40 鞭的刑罚；因此造成伤害者，更要按照故意伤害罪减轻三等执行处罚。

十是"禁止夜行"制度。《唐律》规定：凡是"闭门鼓"之后，直到"开门鼓"之前，均属于"宵禁"时间。凡是违反"宵禁"规定的夜行者，一律处以 20 鞭的刑罚；如果是因为公务紧急或私人遭遇吉凶大事，可以凭通行证件或证明准予通行，没有通行证件或证明信者，一律不许违禁夜行。

扩展阅读　唐朝宾馆——客舍

据《通典》记载：唐代"夹路列肆，待客酒馔丰溢，每店皆有驴赁客乘，悠忽数十里，谓之驿驴。南诣荆襄，北至太原、范阳，西至蜀州、凉府，皆有店肆，以供商旅"。唐代道路冲要地区，有很多客店，"具酒食以待行人"，而且有"驿驴"可供租用。这就说明当时店家经营的范围是很宽的。私人可以办"驿"，意味着一家商店在交通线上有许多分号，统一经营。这标志着当时商业的高度发达。唐代定州人何明远家富豪，主管官家三个驿站。他就在驿站边建造客店，接待商旅，从而积累起巨

万资财。

修建客店，有利可图。商人富豪投资开店，政府官僚也投资开店。以致唐玄宗不得不下令"禁九品以下清资官置客舍、邸店、车坊"。这一方面说明官家开店已成风气，同时说明社会有这方面的需要。

不仅中国人广开店舍，外国人尤其是中亚与西亚商人在中国开店者也不少，时称"胡人店""波斯店"。洛阳、长安、扬州、广州等地都有这样的店，或营珍宝，或营餐饮，或营典当质库。他们在中国娶妻生子，成家立业，对繁荣唐代经济也做出了贡献。

对外开放
——中外文明交流的繁荣时代

唐代的中国,在政治、经济和文化诸方面对东西方各国均产生了深远的影响。因此,东西方各国都积极地吸取唐文化。与此同时,唐朝也吸收各国的优秀文化,并融入唐文化中。可以说,唐文化同古代各时期文化相比,更具有开放性。

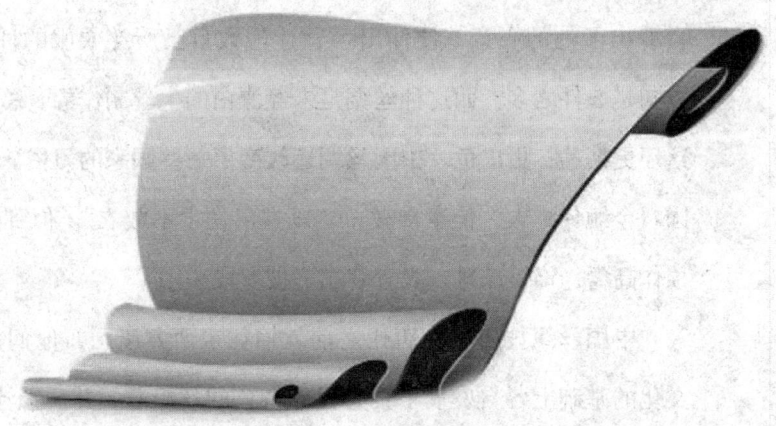

梦回隋唐——一本书读懂隋唐文明

 丝绸商品出口

　　唐代的丝绸，仍承前代循陆、海两路输往东西方各国。在唐代的对外贸易中，丝绸不仅是官方贸易中的赠品或回赠品，也是民间贸易中的重要商货。因丝绸易腐蚀，保存性能远不及瓷器，所以，地下出土实物不可能提供唐代丝绸输出的概貌。但在贸易往来中，丝绸往往同瓷器并行，都成为东西方各国渴求的精品，因此将瓷器输出的轨迹视作丝绸的对外流向，恰如其分。

　　唐代同历代一样，其输出的丝织品博得了东西方各国的称赞。当时在日本，唐代的丝绸精品不仅被用于供奉，还成为天皇颁赐本国官吏的珍物。至今，在日本的正仓院还保存着图案精美的唐锦。阿拉伯人则对中国丝绸倍加珍视。《中国印度见闻录》卷二记载，唐代一阿拉伯富商同广州一宦官谈话，该富商透过宦官的丝绸衣服见其胸口上长一黑痣，颇为惊奇。宦官看出了他的心意，便伸出手臂让他数自己所穿衣服的件数。数过之后，方知是5件之多。而这种丝绸是未经漂白的生丝制作的，总督穿的丝绸，比这还更精美，更出色。中国丝绸还改变了一些国家的习俗。例如，唐代的骠国（今缅甸）人，信奉佛教，"以蚕帛伤生不敢衣"。但到后来，"妇人当顶作高髻，饰银珠琲，衣青娑裙，披罗段……"

　　中国丝织技术早在唐代之前就输往东西方诸国，他们在吸收中国丝绸文化的基础上各自发展了具有民族特色的丝织业，并反馈流向唐朝。于是，积极吸取域外各国丝织技艺的特色，成为唐代丝绸文化交流的一个方面。早在南北朝时，滑国就转贩波斯锦至中国。《梁书·滑国》载称："普通元年（520年），又遣使献黄师子、白貂裘、波斯锦等物。"隋代，波斯向中国赠送金绵锦袍。正如《隋书·何稠传》所载："稠博览古图，多识旧物。波斯尝献金绵锦袍，组织殊丽，上命稠为之。稠锦既成，踰所献者，上甚悦。"可见，唐代之前，波斯丝织品已反馈输入中国，不久，其仿制品亦应运而生。至唐、五代时，情况依旧，出土的地下实物为此提供了有力的依据。在隋唐时期的墓葬中，发现了一些具有典型波斯萨珊朝纹锦式样的中国丝织品。日本正仓院收藏的部分唐锦，其图案设计也明显地受到萨珊风格的影响。这是为满足输出的需求，吸取了域外的艺术风格。同时，在丝织工艺上，也采用了中亚和西亚在纬线上起花的新技术。日本的丝织品，也不断输入中国。日本史籍《延喜式》卷三十《大藏省》记载了遣唐使出发前日本政府颁发给各级人员数量不等的绢、绵、布等物。日本来唐的留学生和学问僧，正是用这部分丝织品充作"学问粮"的。日本遣唐使也用这些丝织品和其他土特产品同中国商人进行交易。于是，流入唐朝的日本丝织品为数可观，并博得了唐人的赞许。其中，珍珠绢颇具特色，深受唐人的欢迎。

　　公元8世纪，正是唐朝与阿拉伯交往的盛世，中国的丝织技术随之传入阿拉伯世界。公元751年，怛逻斯战役之后，被俘的中国织匠、络匠到达了两河流域。杜环在其《经行记》中记载了当时在苦法的中国工匠有："绫绢机杼、金银匠、画匠。汉匠起作画者，京兆人樊淑、刘泚。织络者，河东人乐加㶄、吕礼。"从此，在西亚织造锦缎等高级丝织品的手工业迅速发展起来，并办起了宫廷作坊和官府作坊，生产兑拉兹等供王室和上层使用的丝织物。兑拉兹是指绣出或织出哈里发名字或苏丹名字，供缝制帝王御用袍服或赏赐有功大臣的荣誉袍服的织物。其后，欧洲所需之丝绸品种，有相当部分也取自阿拉伯。

知识链接

唐锦流行于西域

唐锦是唐代工艺水平最高、最为精美的丝织工艺品。在唐代，它已在西域广为流行。

唐代以前，织锦多为经丝显花，称为经锦。唐代，由经丝显花一变而为纬丝显花，故唐锦又称为纬锦。一般用多种色纬分段换梭法织成，或用打纬器将纬丝打紧打密，使得织锦色彩绚丽典雅且花纹突出，丰富多变。

新疆吐鲁番阿斯塔那唐墓出土的《花鸟纹锦》富丽堂皇，比较完整地表现了大唐织锦风采。该墓下葬时期为大历十三年（778年）。而垂拱四年（688年）下葬的阿斯塔那张雄夫妇墓中出土的泥头木身锦衣女俑，身着两件丝织品为缂丝和双面锦，更显珍贵。

瓷器文明名扬四方

唐代瓷窑有二十多个，以邢窑（河北内丘县）、越窑（浙江余姚县）、昌南窑（江西景德镇）、邛窑（四川邛崃县）、定窑（河北曲阳县）、潮州窑（广东潮州）最为著名，其产品也最多。自8世纪起，唐代越瓷（青釉瓷）的出口标志着中国瓷器的外销进入了一个新阶段。中国瓷器以造型精巧、色彩绚丽、风格别致博得了世界各国的珍视，他们称中国为"China"（瓷器），即"瓷之国"。唐代瓷器，沿陆海两途输往东西方各国，给他们带去了

文化、科技和美的享受。

朝鲜半岛发掘出的唐、五代时期的陶瓷，是唐瓷流入该地区的明证。例如，今韩国庆州附近朝阳洞出土了一件完整的唐三彩三足，其造形彩斑同扬州出土的极其相似。他们模仿唐三彩，烧制成"新罗三彩"，并于吴越天宝十一年（918年）在全罗南道的康津等地设窑，仿造中国越窑青瓷器，被称作"新罗烧"，或"翡色"瓷器。

唐、五代时期，是中日交通贸易往来的活跃阶段，中国瓷器大量输往日本。迄今，日本已发掘出唐三彩、越窑青瓷、邢窑白瓷和长沙窑瓷。唐三彩于盛唐时即流入日本，在奈良、福冈等地均有发现。越窑青瓷，在日本近五十处遗址中被发现。长沙铜官窑器，于中晚唐时期大量输往日本，在今奈良、京都、九州的博多湾和久留米、种子岛以及日本最西端的西表岛等处的寺庙、居民遗址和古墓中曾有发现。唐代邢窑昌南窑瓷器，在日本的奈良、京都、福冈等十多处官衙、寺庙和坟墓中出土。

唐、五代瓷器流入日本，对其陶瓷业的发展产生了深刻的影响。唐三彩一同日本人见面，就博得了他们的高度赞赏，但因供不应求，日本政府特下令进行仿造。其仿制品在造型、釉色、花纹和风格上，都近似唐三彩，被称作"奈良三彩"；又因仿制品的相当部分入藏于正仓院，并保存至今，故而又被称作"正仓院三彩"。随着越窑瓷器、长沙窑瓷器和南北窑系白瓷的大量输往日本，烧窑技术亦同时流入。至9世纪末，日本利用越窑烧制技术改进窑炉结构，连窑具也模仿唐、五代造型。爱知县的猿投窑（日本古名窑）仿制的越窑青瓷，无论造型、釉色和装饰手法，均同越窑产品相似。

马来半岛和马来群岛各古国，均为唐、五代瓷器的输入国。地下实物告诉我们，马来西亚吉打的江湾（古称卡塔哈）出土了唐绿釉瓷器；柔佛河流域古遗址见有唐青瓷残片；彭亨州的哥拉立卑附近金矿发掘出唐四耳青瓷樽；新加坡国家博物馆收藏有柔佛的卡达丁几和麻拉出土的为数众多的

越州青瓷。印度尼西亚玛朗南郊的遗址和墓葬中，发现有长沙窑的褐斑柄执壶，类似的器物在爪哇也有出土。南苏拉威西见有唐凤头清水壶。此外，在南苏门答腊、峇里、中爪哇等地均发现唐、五代瓷器。文莱亦发现一唐青釉两耳樽，同福建安溪唐墓出土的随葬瓷樽相似（见韩书）。菲律宾出土的中国瓷器，为东南亚地区之冠，属唐、五代时期的虽不多，但分布却很广。唐瓷出土的地点有巴布延群岛、伊罗奇与冯牙丝兰海岸、马尼拉一带、民都乐岛、保和岛、宿务岛和卡加延苏禄岛等。

唐瓷还输往南亚各国，在今印度、巴基斯坦和斯里兰卡都曾发现唐瓷的地下实物。印度南部迈索尔邦博物馆藏有晚唐、五代时期的越窑青瓷和长沙窑瓷；印度南部科罗曼德海岸的古港遗址出土了唐末、五代越窑青瓷碟残片。巴基斯坦卡拉奇东南的斑波尔古港遗址，出土了晚唐越窑水注和长沙窑黄褐釉上绿彩花草纹碗残片。

唐瓷沿陆、海两途还流向西亚的波斯和阿拉伯。波斯湾的古西拉夫港（今塔黑里），出土了大量中国陶瓷片，最早的是中晚唐时期的越窑青瓷和邢窑白瓷。在今伊朗东北部霍腊散省古丝路必经之地的内沙布尔遗址，发现有晚唐越窑深碗，长沙窑彩绘罐以及邢窑白瓷盖罐的残片。德黑兰南面的赖依遗址，出土了唐、五代越窑系青瓷和长沙窑彩绘盘。此外，在伊朗还出土了唐三彩。伊朗人是善于汲取外来文化的民族，他们从唐瓷中得到了启发，仿制了"波斯三彩"和白瓷。内沙布尔、里伊、阿莫勒、阿格罕等地都曾发现仿唐三彩的陶器。

据希提《阿拉伯简史》记载，8世纪中叶至9世纪中叶是阿拉伯阿拔斯王朝的全盛时代，其首都巴格达，"市场上有从中国运来的瓷器，丝绸和麝香"；"城里有专卖中国货的市场"。三上次男的《陶瓷之路》也记载说，巴格达东南的帖尔·阿比鲁塔，是阿拔斯王朝繁荣的城市遗址，在此发现了9至10世纪制作的褐色越窑瓷和华南白瓷残片；巴格达北面，底格里斯河畔的萨马拉遗址，发现了大批唐制或仿唐三彩式的碗和盘，绿釉和黄釉罐的残片，以及晚唐和五代时的白瓷和青瓷残片等；巴格达阿拉伯博物馆收藏有萨马拉遗址出土的唐、五代的越窑瓷；西柏林达累姆博物馆也收藏有该遗址出土的9至10世纪的越窑瓷和白瓷碗的残片。

唐瓷还输往非洲。埃及开罗南郊的福斯塔特古城遗址，在出土的六七十万残片中，中国陶瓷竟有1.2万片，其中最早的有唐、五代的唐三彩、越窑青瓷和邢窑白瓷，以越窑青瓷居多。埃及人一方面输入中国瓷器，一方面大量生产仿制品。据估计，福斯塔特遗址中出土的埃及本地生产的陶瓷中，大约百分之七十至八十是中国陶瓷的仿制品。此外，红海岸边苏丹境内爱札布遗址，非洲东海岸坦桑尼亚的基尔

唐代黄釉双耳瓶

瓦岛等也都发现了唐、五代瓷器的地下实物。中世纪时期的开罗居民，几乎家家户户都普遍使用质地优良的中国瓷器。埃及人竟称瓷器为"绥尼"，意为"中国的"。

由此可见，东西方各国对中国陶瓷文化的向往，以及中国陶瓷文化对世界文化作出的巨大贡献。

知识链接

中国茶叶及其饮茶法的外传

中国是世界上种茶、制茶和饮茶最早的国家，素有"茶的故乡"之称。公元8世纪，唐人陆羽撰写了世界上第一部茶叶专著——《茶经》，详细记述了关于茶的种类、种植、制法，以及茶具和水质等方面的科学知识。该书一

经问世，便广为流传。此时，日本正值奈良时代，随着中日贸易往来的频繁，茶叶开始输入日本。至平安朝初期，通过入唐僧侣，日本兴起饮茶之风。公元815年，日本天皇命畿内、近江、丹波、播磨等地种茶，作为每年的贡品。不过，茶叶起初仅在日本贵族和僧侣中作为药材而饮用。其后，曾一度衰落。至宋代，又兴盛起来。

 ## 西域物品引进

唐朝时期各种物品引进，改变了人们当时的生活。

1. 香药的输入

香料和药材是中国古代的主要输入品之一，而唐宋时期正是香药输入的盛期，主要来自印度支那半岛、马来半岛、印度半岛以及阿拉伯海沿岸和东非的一些国家和地区。其中，阿拉伯既是唐代的主要贸易国家，又是香药的主要输入国。大量香药的输入，除满足封建贵族的奢欲外，无论是对中国的物质生活还是精神生活，均有较大的影响。唐代输入的香药，多用于医药、环境卫生、饮食以及宗教活动方面。

2. 蔬菜的引入

隋唐时代，人们很重视蔬菜的栽培。《四时纂要》一书记述的农事活动，便以蔬菜和大田作物占的份量最大。而且，在这一时期，从国外引进了一批新的蔬菜和水果品种，现在仍是日常重要菜蔬的莴苣和菠菜以及夏天人们喜欢的西瓜就是当时从外国传入的。莴苣原产西亚，隋代开始引入我

国，杜甫的《种莴苣》诗是最早提到它的有关文献。北宋初《清异录》也有记载说："呙国使者来汉，隋人求得菜种，酬之甚厚，故因名千金菜，今莴苣也。"

菠菜，在唐初就开始传入我国并有较为具体的记载，如《唐会要·泥波罗国》（卷100）中说"（贞观）二十一年（647年），遣使献菠稜菜、浑提葱"。可见，莴苣、菠菜在我国的栽种自隋唐始，到现在仍是人们喜爱的菜蔬。

夏季消暑佳品西瓜，原产非洲。据史料记载。在隋、唐之际已传至回纥，在《新五代史·四夷附录》中有西瓜引进中原的最早记录，说五代（907—960年）时，同胡峤居契丹七年，曾从回纥得到西瓜种，"结实大如斗，味甘，名曰西瓜。"发展到南宋时，黄河以南以及长江流域西瓜栽种已较普遍，有范成大《西瓜园》诗注："（西瓜）本燕北种，今河南皆种之。"可见，西瓜种植在我国是由北而南的。但是，由于1959年在杭州水田畈新石器时代遗址及以后陆续在广西贵县罗泊湾西汉墓、江苏高邮邵家沟东汉墓中发掘出"西瓜"种子，因而在学术界引起了关于我国西瓜栽培的历史和起源问题的争论：一说主张我国"西瓜"古来即有，结论推崇"西瓜"起源为多源产物；另一说认为西瓜原产非洲后扩及世界，隋唐时传至回纥，五代时引进我国中原。莴苣、菠菜和西瓜的引进，是隋、唐园艺技术发展的表现。

3. 印度榨糖法的引进

中国很早就能制糖，5世纪末6世纪初，江南已知用甘蔗汁制砂糖。唐代，随着同印度交往的密切，又从印度引进了制糖法。公元647年，印度半岛上的摩伽陀国（今印度比哈尔邦巴特那及伽耶一带）遣使来唐通好，并向唐太宗夸耀其国砂糖色佳味美。太宗大为赞赏，即派人前去学习熬糖法。他们归国后，选取扬州甘蔗进行熬制，获得成功，砂糖色味超过印度。如《新唐书》所载："贞观二十一年（647），……太宗遣使取熬糖法，即诏扬

州上诸蔗，柞沈如其剂，色味愈西域远甚。"敦煌一张写经残卷的背面，也记载了印度的制砂糖法。该残卷所记砂糖制法如下：先去掉甘蔗茎的梢和叶，再截成5寸长，放在大木臼中，用牛拽（磨石压榨），捞出汁液，注入瓮中。再用15个铛来煮炼，再泻于一个铛中，放上竹筷子，并加上点灰。冷却后敲打，若断，即是砂糖。否则，再重新煮炼。残卷中的"煞割令"，指的是石蜜。砂糖同石蜜的区别在于熬炼的火候和程度不同，将甘蔗汁熬炼成砂糖后，再加以熬炼，即成固体状石蜜。从印度引进了石蜜的制法后，江南和四川等产蔗地区起而效法，并在短期内成功地进行了生产。

 西域音乐流行中原

隋唐时期，中国政治稳定，经济繁荣，中国文化也达到一个高峰时期。以此为基础，再加上对待外来文化的兼收并蓄，使得隋唐王朝与各国文化的交流日益兴盛，表现在音乐方面，则是边远地区各少数民族和邻国各民族的音乐艺术，相继传入中原地区，并得到广泛的发展，成为中原文化不可或缺的一部分，其中尤以西域音乐为最。

西域音乐之所以能传入中原并得到推广，原因是多方面的。首先，隋唐王朝要有足够的经济实力，才能支付音乐团体的巨大开支，这是经济基础；其次，隋唐王朝各皇室的血缘关系使得他们易于接受来自西域的音乐，如唐高祖母亲元贞皇后，姓氏为独孤氏，这一血统与匈奴族有很大牵连；最后，隋唐王朝各皇室的祖籍居住地与西域有着类似的文化、地理联系背

景也促成了西域音乐的传播，如唐高祖李渊是成纪（今甘肃安北）人，祖籍则在狄道（今甘肃临洮），均属陇西地域，与西域的文化背景极为类似，语言、文化、生活习惯有很多相通之处，故接受西域音乐自然在情理之中。

西域音乐在中原地区的传播，并与中原旧有的汉族传统音乐相融合，最后被官府以乐部的形式加以确认。依时代不同，被确认的乐部数目也有所不同，如隋朝开皇初年是七部乐，到大业年间则为九部乐，唐王朝武德初年为九部乐，到贞观十六年则扩展到十部乐。这里所说的乐部的数量是指当时官府确认的乐曲的数量。大致有燕乐、清商乐、西凉乐等等。其中有的乐部承袭自中原旧有的传统音乐，而大部分则是来自于西域音乐，如唐贞观十六年（642年）的十部乐（燕乐、清商乐、西凉乐、高昌乐、龟兹乐、疏勒乐、康国乐、安国乐、天竺乐、高丽乐）中，除清商乐为中原旧有，高丽乐来自东方邻国外，其余八部都是来自于西域音乐，其中又以龟兹乐对中原音乐的影响最大。

西域音乐在中原的传播，使得唐代宫廷音乐带有浓郁的西域地方色彩，强大地震撼了中原旧有的音乐传统，极大地影响着后来的中华音乐文化的发展。

 伊斯兰教传入中国

　　唐代，中国同大食国（指阿拉伯人建立的伊斯兰帝国）之间来往很频繁，为伊斯兰教的传入提供了路径。当时两国来往的陆路，可经波斯、阿富汗、西域，从西北地区进入长安，即沿古代"丝绸之路"而来；海路可经波斯湾、阿拉伯海、孟加拉湾、马六甲海峡到达我国南部沿海的广州、泉州等地，即沿古代"香料之路"而来。据载，仅在永徽二年至贞元十四年间（651—798年），大食国遣使臣来华朝贡就约达37次。

　　唐高宗永徽二年（651年），大食国派使节来长安朝贡，被史学家作为伊斯兰教正式传入中国的标志。其实，阿拉伯人来中国沿海与边远地区进行商业贸易，并建清真寺做礼拜，时间也许更早一些。

　　伊斯兰教是阿拉伯的国教，这些来华的阿拉伯使节、商人、旅行家、航海家便是使伊斯兰教传入中国内地和沿海的媒介。其中许多在中国定居并娶妻生子，出现"五世蕃客""土生蕃客"，成为中国最早的伊斯兰教徒——穆斯林。他们往往在沿海城市相聚而居，居地称为"蕃坊"，他们的宗教风俗受到政府和当地人的尊重。虽然没有史料证明他们曾另立有礼拜寺，但既有共同信仰，又在一起聚居，必有相应的宗教生活。他们长期处在中国人之中，与中国传统不免会相互影响，相互渗透。清代以来，伊斯兰教中国化就是一个伊斯兰教与中国固有文化相融合的结果。

　　天宝十年（751年），唐朝与大食为争夺中亚昭武诸国发生争战，唐国失败，不少兵士被俘到大食国。杜环就是其中之一。他在大食等地居住 10 余年，回国后作《纪行记》一书，对阿拉伯的伊斯兰教有切身的观察和记载，使中国人进一步了解了伊斯兰教。

天宝十四年（755 年），唐政府为平定安史之乱，向回纥、大食借兵。唐与大食两国士兵间的交往更加推动了伊斯兰教的传播。伊斯兰教在中国唐代的传播，不像佛教和景教，直接由僧侣和教士携经而来并得到统治者的认可和竭力扶持，正式建寺收徒传经，它有自己的特点。伊斯兰教在初传中主要借助于使节、商贾、游客等，中国与大食经济上的交往，是伊斯兰教传入中国的最重要的渠道和载体。两国的少数军人也为此做出了一定贡献。

唐时，伊斯兰教在中国的信徒绝大部分是侨居中国的阿拉伯人及其后裔，尚未在中国本土产生多少影响，因此很少有纯中国血统的信徒。由于没有受到贵族和社会的高度重视，使伊斯兰教的传播范围很狭窄，但这也正好易于保存自己。穆斯林们在激烈的社会斗争中能把伊斯兰教信仰作为自己内部的生活方式和风俗代代相承。他们没有向外传教扩张的野心，避免同中国儒佛道三教以及社会的其他政治势力发生碰撞纠葛，特别是避免了唐武宗会昌五年（845 年）灭佛教时，对外来宗教的一并打击，使伊斯兰教以"大食殊俗"得以保存，并流传至今，逐步在吸收中国传统文化的过程中，形成了中国伊斯兰教的特色，完成了伊斯兰教的中国化进程。

中朝、中日文化教育交流

隋唐是封建文化教育发达繁荣的时代，在 7 到 9 世纪处于世界领先地位，统治者重视与东西各国的文化教育交流。当时与隋、唐有使者往来和通商关系的国家，如安国、康国、史国、曹国、支国、石国、吐火罗、波斯、大食、拂菻、厨宾、天竺、泥波罗国、师子国、骠国、堕和罗、真腊、林邑、瞻博、室利佛逝、诃陵、婆利、盘盘、单单、高句丽、新罗、百济、日本等等。他们与隋、唐有文化交流，也有教育交流，重要的方式是派遣留学生、留学僧来唐学习先进的文化。京都长安、洛阳是文化中心，是外国留学生、留学僧向往的目的地。派来留学生、留学僧较多的是东边的新罗与日本，文化教育的交流也推动了这两个国家的社会改革。

1. 隋唐与新罗的教育交流

6 至 7 世纪中叶，朝鲜半岛的新罗国力日渐强盛，完全统一弁韩、辰韩的领域，北与高句丽为邻，西南与百济为邻，到 562 年形成三国鼎立的局面。新罗为了自身安全与发展的需要，展开与邻国的邦交，派遣使者与隋朝（581—618）建立友好联系。

新罗当时未出现官学，实行的是"花郎教育"。花郎集团是由贵族十五六岁青少年男子组成，成员称为郎徒，郎徒的领袖称为花郎，集团的人数通常为数百以至数千。平时实施文武教育，"相磨以道义，或悦以歌乐，游娱山水，无远不至"。要求奉行三教德目：儒教，"入则孝于家，出则忠于国"。道教,"处无为之事,行不言之教"。释教,"诸恶莫作,诸善奉行"。通过集团生活的考察,"知其人邪正,择其善者,荐之于朝"。战时自成一战斗团体,编制成军团,独立参加战斗。这是一种特殊形态的教育组织,其教育目标:"贤佐忠臣,从此而秀,良将勇卒,由是而生。"要培养文武人才,为国家所用。花郎教育最盛行的时代是在6世纪中叶至7世纪的中叶。

581年隋朝建立,589年隋朝统一南北。《隋书》卷八一《东夷·新罗》载:开皇十四年(594年),新罗金真平遣使来朝,隋文帝授其王上开府、乐浪郡公、新罗王。其文字甲兵同于中国。大业以来,使者来往不绝。

618年,唐朝代隋而兴,新罗不久也与唐朝建立友好关系。《旧唐书》《东夷·新罗国》载:武德四年(621年),新罗遣使来朝,唐高祖遣庾文素为使者前往,赐玺书及锦彩,自此新罗使者来往不绝。

(1)新罗派遣学生留唐的教育制度

新罗由金真平当政时,特别重视与唐的友好联系,唐朝也有积极的回应,于武德七年(624年),又派遣使者前往新罗,册金真平为柱国,封乐浪郡王、新罗王。史书只记载金真平继续与唐通好,未提起新罗派遣留学生的事。中国史书明确记载新罗、百济、高句丽派遣留唐学生入国子监习业,始于唐太宗当政的贞观年代。唐太宗采纳魏征的建议,实施偃武修文的政治路线,文治勃兴,贯彻崇儒兴学的政策,中央官学受到重视,扩建国子监学舍,广纳学生,发展规模达八千余人,包括一部分留学生。《新唐书》卷一九八《儒学传上》载:新罗、百济、高句丽"并遣子弟入学",附监读书习业。此时,金真平之女金善德已继位为新罗王,她进一步加强与唐的联系,使者来往频繁,留学生随着使者来往,络绎不绝,并形成一定的制度。

派遣留唐学生的条件:初期很重视政治身份,所以都选自王族子弟。后期较重视学习专业,多选取六头品官的子弟。留学生的身份称为宿卫学

生或宿卫。

留学的年限：通常以 10 年为限，限满申报归还本国。

派遣人数：没有固定名额，人数因年而异，最少 2 人，多或七八人，甚至近 20 人不等，10 年间同时在唐国子监留学的学生曾达一二百人。《旧唐书》卷一九九上《新罗国》载："开成五年（840 年）四月，鸿胪寺奏：新罗国告哀，质子及年满合归国学生等共一百五人，并放还。"这一批回归新罗就 100 多人，而年限未满的留学生，继续在国子监学习，待年满再分批回归。

留学费用：留学生受到唐政府的优待，在学期间的费用由唐政府供给。留学生到达长安，由鸿胪寺负责接待，然后安排到国子监学习。他们的服装、粮食、住宿、经籍等费用，由主管部门鸿胪寺依照规定的标准供给。而准备返回时选购书籍的买书银，则由新罗政府支付。

来往的组织：新罗的使者来唐，兼送一批新的留唐学生；使者返国时，接回一批完成学业年限已满的留唐学生。当时新罗与唐朝联系密切，每年或两年一次派遣使者来唐，留学生也就随使者来，或随使者回。有研究者统计，新罗自圣德王以后到景德王期间（702—765 年）63 年，共遣使入唐 56 次。来往较为频繁，应该说送来与接回的机会较多。

学成之后的去向：多数留唐学生学成之后回归本国，为国家服务。留学生多半出身于王族、贵族或官僚家庭，有此政治背景，回国后常任政府部门要职。也有小部分学业优秀的留学生，参加唐科举考试，考试及第者，可以在唐朝任职做官。如留学生金云卿，就是参加科举考试的一位，他也任职做官。《旧唐书》卷一九九上《新罗国》载：会昌元年（841 年）七月敕："归国新罗官、前入新罗宣慰副使，前充兖州都督府司马、赐绯鱼袋金云卿，可淄州长史。"崔致远，也是科举考试及第，在唐任官职位较高的一个。

新罗使者频繁来唐，送来新的留学生，人数渐次增多，形成文化教育交流的高潮，他们自觉吸收唐朝的先进文化，促进新罗文化蓬勃发展，维持朝鲜半岛 200 多年统一的局面。

(2) 新罗仿唐官学制度的形成

随着新罗不断派遣人数越来越多的留唐学生，促进了新罗文化的蓬勃发展。同时吸收了唐的教育经验，结合新罗的国情，逐步建立起了适应新罗需要的官学制度。

新罗也仿效唐朝，在政府机构的一些部门附设专科学校，利用其人才资源和设备资源开展专业教育。

(3) 新罗的地方官学

地方官学的设立，以中央集权的地方行政体系的形成为基本条件。新罗的中央集权行政体系的确立，在朝鲜半岛统一之后，即 685 年神文王完成五小京及九州制以后。

新罗国与隋、唐是近邻，陆上海上都可以来往。新罗主动与隋、唐建立邦交，积极开展通商和文化交流，不断派遣留学生，到长安国子监学习先进的唐文化，留学生回国后推动本国中央集权制的政治改革，根据本国的需要，建立官学制度，培养了成批人才，发展本民族的文化。由于移植和吸收唐文化，大大缩短了与唐文化的差距。

2. 隋唐与日本的教育交流

中日的文化交流，早在西周就开始。汉王充在《论衡》提到周成王时倭人曾经来献鬯草，这表明先秦时期中国与日本列岛上的人民已有交往。据《汉书·东夷列传》载，日本列岛上的部落国家，与中国保持着联系，东汉光武帝为表示友好，还授给倭奴国国王一枚刻有"汉倭奴国王"的金印。据《北史·倭列传》载："魏景初三年（239 年）……卑弥呼（倭奴国的女王）始遣使朝贡。……江左历晋、宋、齐、梁，朝聘不绝。"这表明在魏晋南北

朝时期，中、日两国的交往从未中断过。

日本贵族对中国先进文化的追求，使中国古代儒学教育传统直接影响到日本。日本的史书《古事记》和《日本书纪》记载：285年，日本为了学习中国文化，特地从朝鲜半岛的百济聘请了博士王仁。王仁是精通儒学的汉人，他带去《论语》十卷、《千字文》一卷，日本从此以儒家经典为教科书，并有了记录语言的文字。到了6世纪，日本贵族基本掌握了汉字的用法，对儒家思想有了比较系统的了解。由于共同的文字和共同的教育内容，两国的教育交流更加顺畅。

隋唐时期，中国是世界上先进的文明国家，为世界许多国家所仰慕。隋唐对来访使节都以礼优待，他们所到之处，饮食、住宿一概免费招待。唐朝的皇帝一般都要亲自接见使者，而且尽量满足他们的要求。如开元五年（717年），日本又遣使来中国，请求传授经书，唐玄宗就命令派四门助教赵玄默到使者住处传授经书。日本对中国的优秀文化醉心于学习和模仿，形成一股学习的热潮。

日本自圣德太子摄政以后，因政治变革、经济发展、社会进步的需要，促使日本与中国直接进行大规模教育交流活动。

友好的邦交为教育交流创造条件，社会发展的需要是教育交流的促进力量，先进的教育制度才能发挥积极的影响，这是历史所证明的。

唐三藏孤征求佛法

玄奘，俗姓陈，11岁时，随已经出家的二哥到了洛阳，常听高僧讲经说法，颇有佛学的教养。13岁被破格吸收为僧。18岁到了长安，当时正当隋末大乱，发现在此无法有何长进，便与二哥一起入川，到了成都。三五年间，他遍读佛学主要典籍。23岁时，乘船由岷入江，过三峡，到荆州，转襄阳，又回到长安。他沿途登坛说法，同时八方求教，贯通了当时已传入中土的各派佛学，被誉为"佛门千里驹"。

也正是在这种情况下，他对已有的汉文佛经译本，越来越怀疑，越来越不满足了。他想：要真正弄懂弄通佛学教义，非取得原版真经不可，而要想取经，就非得去天竺佛国。然而当时唐朝刚刚立国，河西走廊还控制在突厥人手中，政府严格限制"出国旅行"。玄奘三番五次申请"过所"（即通行证）均未获准，只得留在长安苦学梵文梵语，为将来作准备。

后来，长安遭受特大灾害，政府允许百姓"随丰就食"。玄奘便混入饥民群，外流到了凉州（今甘肃武威）。这是当时通往西域的门户，商使往来还极为频繁。玄奘在登坛说法时，表示了去西天取经的意愿，信息很快传入西域各地。唐凉州都督闻信，便逼令他返回长安，不许出境。他夜到瓜州，在离玉门关十多里的一个山谷间，由别人帮助，偷渡山涧出了"关"。从此只身孤影，向茫茫荒漠的深处走去。数天之后，人困马乏，昏卧在干燥的沙碛里，醒来后又西行，终于挣出了这条无边的"流沙河"，即莫贺延碛，

玄奘像

来到伊吾（哈密），受到高昌国王的热情款待。高昌王想把他留下，劝他不必冒险西行了。他绝食三天，表示此志不回，高昌王只得盛宴送别，并派人带上国书陪伴西行。玄奘一行来到了凌山。这里终年冰雪，狂风怒号，冰山陡峭，一行人匍匐前移了七天七夜，才出得山来，却又是五百里热海，好不容易来到碎叶城（今吉尔吉斯斯坦托克马克），意外地得到西突厥叶护可汗的支持（当时西突厥与唐政府关系并不好），护送他跨过帕米尔高原，到达铁门关。此关为中亚南北交通咽喉，两侧万刃陡壁如刀削一般，只有中间一条山径可行，关门又用巨锁锁着，门上悬挂铃铛，谁也别想偷渡。玄奘过了此关，又翻过兴都库什山（大雪山、黑山），便进入北天竺了。

玄奘在印度十五年，遍历北天竺、中天竺、东天竺、南天竺与西天竺，在今尼泊尔、印度、孟加拉与巴基斯坦一带拜师求学，并讲经说法，他深入研讨佛学并了解印度史地文化，掌握了印度的因明学与声明学，即逻辑学与语音学。归国之后，又把这一切献给了祖国学术界，促进了我国佛学经典的翻译研究与语言学、逻辑学的发展。

玄奘是在唐太宗贞观十五年（641年）动身回国的。当他回到于阗时，便写奏章向唐政府作了为何出国、如何归来的汇报。唐太宗李世民对他的归来表示欢迎。645年，玄奘到达长安，后来驻进弘福寺，开始了翻译佛经的巨大工程。他创造了一种"新译法",以"既须求真(忠于原文),又须喻俗(便于传诵)"为原则,这是不容易办到的。经他十九年伏案苦干,译出了七十四部、一千三百多万字的佛经。他是佛经翻译史上成绩最突出的人。同时,他还把中国的《老子》及《大乘起信论》译成梵文向西域、向印度介绍。又口述《大唐西域记》,详细录下了他本人西行求经,历110国的实际经历,记下了南亚各国的风土人情、风俗特产、史地沿革、建筑交通、学术文化、社会管理等情况,成为世界难得的巨著,为印度古代史的重建与研究,提供了极其宝贵的资料,得到印度学术界的高度重视。

　　玄奘由于积劳成疾,65岁时逝世。据记载,当时为他送葬的人,竟有一百多万。他是理当获得我们民族的永久纪念的。佛教文化对我们人民精神文化生活的影响深远,哲学、文学、音乐、舞蹈、雕塑、民俗,各个领域都深得其益。

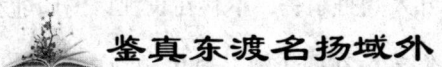
鉴真东渡名扬域外

　　鉴真,广陵(今江苏、扬州)人,俗姓淳于。他于盛唐时期降生于大运河畔,自幼接触中外各种各样人士,熟悉国内国外、海内海外的珍奇异物。他视野开阔,学识广博,青年时代就在佛学、文学、医药学、建筑学等领域中有所造诣,23岁即登坛讲授佛学,在扬州城主持佛教徒的授戒仪式。他修造了八十余座古寺,为寺院塑佛像、修宝塔,或铸佛像,又在寺院创设"悲田",从事社会救济。由于他多方面的贡献,45岁时,便被尊为淮南道

最有名望的授戒大师,名播江淮之间,受到佛教界的景仰。

当时的日本,正处于迅速发展的时期,迫切需要学习先进的汉唐文化。早在隋代统治的三十年间,日本就三次派使团来华。唐代建国后,派来使团十九次,每次少则一二百人,多则五六百人。除国家使节外,主要是留学生与留僧,其任务是学习唐人的政治制度、经济理论、法律、诗文、百家经典以及各种生产技艺。733年,日本第二次遣唐使团来华,其中有两位著名法师:荣睿与普照。他们的任务是:研习中国佛学,同时物色一位授戒大师,去日本主持授戒仪式。他们在长安、洛阳度过了十年岁月,终于得知鉴真大师的情况,决意邀他赴日,当时鉴真已五十五岁。为了佛教事业,他决心东渡。

经过一段时间的准备,鉴真出发了。但他的弟子们舍不得,报告了政府,此行未成。第二次,船只抗不住东海大浪,在浙江海面触礁沉没了。随行工匠佛徒伤亡惨重,鉴真与其徒弟脱险归来。从此,中国僧俗界再也不愿鉴真冒险远渡了。第三次、第四次东渡,都被政府"扣留"下来了。第五次,鉴真在巧妙摆脱徒众的守护与政府的"缉捕"后,于748年6月悄然离开扬州,一行三十五人登舟东去,不料在长江口的南通狼山脚下即遇狂风,漂至浙江海面。他们先后在两个海岛避风,到十月中旬启航。在洋面上又遇劲风,船上又无淡水,苦熬十四天,却漂到了海南岛,在振州(今崖县)大云寺居停一年,北上抵桂林,在开元寺又住一年。在此期间,他把废弃已久的大云寺与开元寺都缮修一新,重建佛殿、讲堂、佛像、宝塔等。后又应广州太守之邀去广州住了一春。途中,一直陪同他的日本僧人荣睿因病去世。离开广州后,为了减少鉴真活动的阻力,另一位日僧普照也只得告别他去了浙江。鉴真北上,在过大庾岭后因患疾而双目失明。

753年,日本第十次遣唐使从长安来到了扬州。扬州僧众当然知道这批人的来意,说什么也不愿让年逾花甲的鉴真冒风波之险去日本,就作了比以往任何时候都更为周密的"防护"工作,但鉴真本人去意已决,他们于当年 11 月 15 日又一次秘密地登船出海了。不料一到东海,又遇上风浪,不过这次倒是漂到了冲绳岛。再经几天的搏斗,鉴真一行终于战胜了狂风恶浪,到了九州——东渡终于成功了。

从 742 年鉴真接受邀请赴日算起,过去了十二个年头,其间发生了五次重大挫折,牺牲了中日僧人三十六名,其中包括祥彦和荣睿这样的忠诚弟子,还有更多的商贾百工,医师画手、玉工、船工、刺绣工、成衣匠、碑刻手……代价是十分沉重的。为了中日文化交流,鉴真及其追随者们,是不惜付出一切的。

754 年 4 月,鉴真接受日本圣武天皇的委任,在奈良东大寺主持了日本佛教史上最隆重的授戒仪式。天皇本人与皇后、皇太子一起,都先后登坛受戒。随后,圣武天皇又为鉴真一行修建了唐禅院。759 年,73 岁的鉴真又主持修建了一座"唐招提寺"。这座寺院建筑,体现了唐代建筑艺术的最新最高成就,采用的全是新工艺,至今保存完好,是日本全国目前保存最完整、最大、最美的古建筑群之一。

鉴真在日本生活了十年,除了传授佛学知识外,还从事广泛的社会救济活动。他把自己的医药知识全部奉献给了日本人民。一直到十三四世纪,日本人仍尊奉他为日本医药始祖,印制他的画像。鉴真在榨糖、缝纫、制作豆腐、酿造酱油等各个手工行业里,均有卓越的贡献,至今得到日本人民的怀念,尊称他为"过海大师",一直纪念他的恩德。

在中外交往史上,唐代鉴真与玄奘是两位很有代表性的人物。他们历尽了人间辛苦,换得了人类文明的进步。中国人民善于向外界学习一切有用的东西,也毫不吝啬地向域外传播自己最新、最美好的东西。

 扩展阅读　鉴真最后的时光是怎样的

鉴真到达日本时，已经是 60 多岁的老人，而且已双目失明。由于不能见物，鉴真通过耳听的方式帮助日本僧人校正了大批佛经，又用舌尝的方式为日本修正了药典。

但是，《奈良新闻》2004 年 10 月 29 日有一则新的报道，认为鉴真到日本后，双目可能还存在微弱的视力。其依据是 757 年，鉴真为借经卷曾经向当时的奈良东大寺出具了一张借条，这就是现存正仓院的《鉴真奉请经卷状》。经过奈良国立博物馆的西山厚研究员检证，认为此文与中国所存鉴真相关文献出自同一人手笔，所以，日本研究人员认为，鉴真在东渡时，可能还保有微弱的视力，能够自己书写重要文件，但不能很好地阅读了。

不过，随后就有人提出，由于文献记载鉴真并不是最后一次东渡才失明的，而是此前五年就已经失明。所以在中国保留的所谓相关文献，也未必是鉴真的亲笔，很可能是鉴真失明后由其弟子代写的。

此外，日本的文献记载，鉴真在日期间从未有过哭泣的记载，总是以最和善的微笑面对信徒。

日本天平宝字七年（763 年）5 月 6 日，鉴真坐化于唐招提寺，根据日本方面的记载：当时鉴真双脚结跏趺坐，神态非常安详，死后第三天，体温犹在，时人呼为真菩萨。

佛法云，大雄无畏，勇猛精进。大约是鉴真大师最好的写照。

第四章

印版刷墨
——传承千年的雕版印刷文明

隋唐是我国封建社会的一个繁荣时期,政治经济文化飞速发展。而在隋唐的统一和政治经济文化繁荣的大背景下,雕版印刷术应运而生,并得以推广,我国的印刷术进入一个崭新的时期。

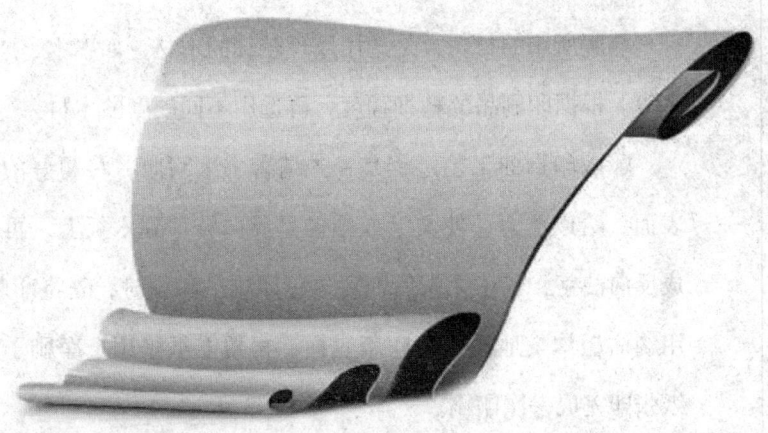

梦回隋唐——一本书读懂隋唐文明

最早的印刷形式——雕版印刷

将文字、图像雕刻在平整的木板上,再在版面上刷墨,覆上纸张,用干净刷子轻轻刷过,使印版上的图文清晰地转印到纸张上,这就是雕版印刷。

关于雕版的名称,在古代的有关文献上有各种不同的称谓,常见的有镂版、刻版、刊版、墨版、椠版、梓版等。其中"椠"是延用了古代片牍的名称,"梓"则是因梓木为雕版的重要材料而得名。雕版印刷有时也称为"付椠""付梓"或"梓行""刊行"等。关于版字,在古代的有关出版、印刷的文献中,往往是"版、板"通用,而用的较多的则是"板"字。宋代叶梦得在《石林燕语》一书中,最早使用"版本"一词。《宋会要辑稿》中有"既已刻版,刊改殊少"。也使用的是"版"字。到了清代,在出版、印刷的著作中,才普遍使用"版"字。

雕版所用的材料,是选用纹理较细的木材,如枣木、梨木、梓木、黄杨木等。根据印刷品的精细程度,再选用不同硬度的木材。

雕版印刷的工艺过程是:先请善书人写版,将写好的稿纸反贴在木板表面,给以压力,使文字或图像呈反向转移到木板上,再由刻字工匠雕刻成反向凸字,校正无误后即可进行印刷。印刷时,先将印版固定于台面上,用刷沾墨均匀地涂刷于印版表面,再覆上纸张用干净刷子轻轻刷过,揭下纸张即完成一次印刷。

早期的雕版印刷，工艺是十分简陋的，一般只是单页的小型印刷品，如一首诗、一幅图画等，只是随着雕版印刷技术的不断发展，才开始印刷篇幅较大的著作。

　　关于雕版印刷的版式，也是随着成品的形式而不断变化的。在印刷发明的初期，印刷品都是单页的形式，版式也很不固定。根据五代的印刷品推测，玄奘所印的佛像，也可能是一种上图下文的形式，版面呈矩形，很符合黄金分割的比例。后来出现了整卷佛经或整部书的印刷，仍采用写本的卷轴装帧形式，版面除高度要求统一外，其宽度比较随意，一般以一张纸的大小为准。唐代后期，又出现了旋风装，是卷轴装的一种改进。经折装和册页装出现后，由于版面的大小需要统一，版面形式也逐渐统一起来。

　　雕版印刷术不仅是一项综合技术，也是技术和艺术相结合的产物。从技术上说，它需要有精湛的文字、图画的雕刻技术，刷印技术和成品的装帧技术；从材料说，它需要有高质量的纸张和印墨；从艺术性上说，它需要有书法艺术、绘画艺术和装帧艺术的配合。它的产品本身不但有供阅读、传播知识的价值，也具有艺术欣赏价值。因此，我们可以认为，印刷术是相关技术和艺术发展到一定水平的产物。

　　雕版印刷是人类历史上最早批量、快速复制文字和图像的技术。后来出现的其他各种印刷方式，都是在雕版印刷的基础上，并应用了科学技术发展的其他有关成果而发展起来的。到目前为止，虽然印刷技术已发展到很高水平，印刷方式多种多样，印刷的质量和效率都不能同雕版印刷同日而语，但其印刷的基本原理，仍相似于雕版印刷。这个基本原理就是通过印版，将需要复制的文字和图像转印到承印物上。

　　在关于印刷术的定义中，有一个极重要的内容，那就是量的概念。这往往是印刷术区别于其他复制图文方式的分界线。在量的概念中有三个方

面的内容，即：复制的效率、复制的总成本和复制品的容载量。对于印刷术来说，这三个方面是缺一不可的。因此，在印刷术发明以前，尽管出现过多种复制文字、图像的方法，但都不能满足上述三个方面的要求，所以还不能称作印刷术。例如，印章虽能快速复制，但其容载量是远远不够的；碑刻的拓印虽可容载较多的内容，但其复制的效率和成本都难以满足对印刷的要求。鉴于这种情况，这些早期复制文字、图像的方法，还不能称为印刷。印刷术的真正历史，应当从雕版印刷开始。当然，以前的各种复制方法，都为印刷术的发明提供了某种启示和经验。

知识链接

最早出现的商业税纸——印纸

印刷术发明后，印刷术的使用范围日广。在刻印佛像、书籍、经咒、纸牌、报纸之后，到公元783年，又出现了在交易市场上作为商人纳税凭证的"印纸"。据张秀民著《中国印刷史》介绍，唐朝于德宗建中四年（783年）六月开始实行除陌法，规定"天下公私给与货易，率一贯归算二十，益加算五十。给与他物或两换者，约钱为率，算之。市牙各给印纸，人有买卖。随有署记，翌日合算之"。

印纸的出现，说明印刷的应用已扩及商业乃至金融领域，对作为价值符号的纸币的诞生，势必产生深远的影响。

 雕版印刷产生的背景

公元 618 年，唐王朝建立，结束了隋末的战乱局面，国家再度统一。唐代初期，生产有了发展，经济得到恢复。政治上进行了一些改革，废除魏晋以来的贵族世袭官制而代之以科举取士，教育得到普及，促进了科学文化的发展。雕版印刷在这一背景下得到初步发展。除此之外，还有以下方面的原因：

1. 唐代政府注重收集图书，社会上藏书增长迅速

唐代的统治阶级结束战乱、统一国家之后，对图书的搜集十分重视，高祖武德年间，即下令在民间购募遗书，重赏钱帛，并增置楷书令缮写。仅数年间，群书略备，太宗时，令狐德棻、魏征等人又请下令征求图书，并派大学士进行校订、整理，国家图书大增。玄宗开元年间，命褚无量等校正内库藏书，令"公卿士庶之家所有异书官借缮写"，藏于东都乾元殿。据毋煚撰《古今书录》记，此时国家藏书已达三千零六十部，五万一千八百五十三卷。另有佛家经律论疏和道家经戒符录二千五百多部，九千五百多卷。长安、洛阳两都聚书按四部以甲、乙、丙、丁为次，列经、史、子、集四库收藏。而且每部都抄写二份有正有副，轴、带、帙、签以各种不同颜色加以区别。政府藏书已达到相当完备的程度，唐代后期，几经战乱，书籍遭到散失，但政府仍注意收集，时散时聚，图书继续有所积累。与此同时，私人藏书的数目也在日益增多，已出现了万卷以上的藏书家。如玄宗时韦述家聚

书二万卷,宣宗时柳仲郢家有藏书万卷,所藏书每部都必抄三本,"上者贮库,其副常所阅,下者幼学焉"。社会上的藏书如此众多,反映了图书文化发展的迅速,但也逐渐暴露出只靠抄书与图书迅速增长的速度是极不相适应的,需要采用新的方法来改变这种状况的愿望就越来越迫切了。

2. 学术思想活跃,各学科著作成果丰硕

社会安定,经济繁荣,为唐代的科学文化发展奠定了坚实的基础。文学艺术、科学技术取得重大成就,各学科领域人才辈出,新的作品不断涌现,地理学家贾耽《关中陇右及山南九州等图》,李吉甫主编的《元和郡县志》是史地方面的代表作。在史学方面,继《汉书》《后汉书》《三国志》后,唐代又完成魏、梁、陈、北齐、北周、宋、晋、隋书以及南史、北史等重要著作。杜佑撰《通典》专门编述典章制度。刘知几的《史通》,是一部系统的史学评论著作。文学方面取得的成就,亦达到空前水平。近体诗和古文是代表唐代文学的重要文体,对后代文学产生了深远影响。出现了以王维、李白、杜甫、白居易为代表的著名诗人。诗文集的数量远远超过以前。唐代传奇文学是后世笔记小说的模范,由"变文""俗讲"等民间创作发展起来的评话,为后世章回小说的产生开辟了道路。在科学技术方面,出现了《戊寅历》《麟德历》《大衍历》等最重要的三部历法。医学方面,有孙思邈的《急备金要方》;药物学上,唐代完成了世界上最早由国家制定的药典《本草》。此外,为适应读书人查考文献的需要,类书和文字书也越来越多,如《初学记》《北堂书抄》《艺文类聚》《群书治要》等等,是检查唐代以前文章资料的重要参考工具书。科学著述新品种的大量涌现,无疑会加强社会上更为广泛、快速传播科学文化知识的需要和欲望。

3. 宗教盛行,译经、抄经风行全国

佛教自汉代传入中国,经过数百年的发展,到了唐代,更加盛行。如太宗时,听到玄奘新译出《瑜珈师地经》后,立即敕令秘书省,缮写九部,颁发给雍、洛、并、相、兖、荆、扬、凉、益九州，辗转流传。唐代的译经、抄经已达到超越前代的新境地。玄宗时，智升撰《开元释教录》，编入藏经已有自汉魏以来一千零七十六部、五千零四十八卷之多。开元之后，历代继续增添。代宗时曾从宫里拉出两车《护国仁王经》送给资圣、西明两寺。当时的东林、西明等著名的寺院，都藏有大量的佛经，至于民间的抄经、诵经更是达到惊人的地步。当时佛教宗派也很多，而且其他宗教也相继传入。宗教的发达，必然引起对宗教经典的大量需求，只靠抄写显然已不能解决问题。

4. 国威强盛，与世界各国联系密切，交流广泛

唐代是中国封建社会发展的高峰时期，也是当时世界上文明发达的先进国家之一。中国与世界其他国家

佛教创始人释迦牟尼像

保持十分密切的联系。辉煌灿烂的唐代文化，深深为当时各国人民所向往。各国使臣、官员、留学生、求法僧、商贾、乐士、画师，不顾艰辛来到中国观摩摄取。大批留学生到中国后，入国学学习经史、仪制、文选、书法、天文、算学等大唐文化，太宗时国子监学舍增加一千二百间，增收学员八千余人。这些留学生归国时，带走大量中国的图书文献，以兴本国学业，他们成为中国文化对外传播的重要媒介。儒家学说在国外，特别是东方邻国日本、朝鲜、百济、新罗等产生了极为深远的影响。在以首都长安为中心的中国，聚集着来自各国的各界人士，带来了本民族的文化艺术、工艺技术以及物产、商品，在广泛交流中，彼此互相影响，互相启迪，取长补短，促

进着本国文化的发展。唐代文化在向各国传布的同时，也吸收了国外文化而愈加丰富多彩。这种日益频繁的文化交流活动，必然会加强对快速、广泛地复制图书文献的需求。

综上所述，我们可以看到，无论是经济文化的发展，还是宗教传播和对外文化交流，传统的传抄方法再也不能适应社会的要求了。人们迫切需要一种新型的、高效率的图书复制技术。

唐代不仅有了对印刷的迫切需要，而且也具备了印刷术应用与发展的纸、墨、石刻、捶拓等物质基础和技术条件。特别是造纸技术，自汉代发明之后，经过一代一代人的努力，造纸原料不断扩大，技术不断改进提高。到了唐代，造纸术更是发展到了高峰。产纸地区遍布全国，造纸作坊官、私并举。据《唐书·地理志》记载：有常州、杭州、越州、婺州、衢州、宣州、歙州、池州、江州、信州、衡州等州邑是当时贡纸的主要地区。唐代的造纸原料已由麻，发展到楮皮、桑皮、檀、阳香、木芙蓉和竹。各地又因采用原料不同、制法不同而多有特产。

在社会迫切需要和已具备的物质条件的历史背景之下，雕版印刷在唐代得到应用，并且有了初步的发展。可惜，唐代的刻本，留存下来的太少了。

雕版印刷术的工艺文明

关于雕版印刷的技术与工艺，在历史文献中几乎是一个空白。在少数文献资料中，也多为只言片语地记述一些印书的名称、印刷的时间和地点，以及印刷出版者的姓名、堂号，对印刷的技术及工艺，很少谈及。鉴于这种情况，不能不为我们研究古代，特别是雕版印刷术发明初期的技术和工艺，带来很大的困难。

对于印刷史来说，其技术、工艺的发展应当是研究的重点。特别是雕版印刷，是世界上最早出现的印刷技术，在我国使用了一千多年，我国历史上的大量书籍，就是采用这种印刷方法，得以流传和传播的。因此，进一步收集这方面的史料，进行深入的研究，是中国印刷史今后研究的一个重要课题。

雕版所用的材料，必须选用纹理细密、质地均匀、加工容易、资源较广的木材。在文献记载中，雕版所用的木材，有梨木、枣木、梓木、楠木、黄杨木、银杏木、皂荚木以及其他的果树木等。为了就地取材，北方刻版多选用梨、枣等木；南方刻版则多选用黄杨、梓木等。枣、黄杨等较硬的木材，多用来刻较精细的书籍及图版，而梨、梓等硬度较低的木材，则往往是刻版最常选用的材料。

为使刻成的印版不变形，早期雕版要选用经长期存放干透的木材，这样刻成的印版，即使存放多年，也不会扭曲变形。后来才采用水浸及蒸煮

的方法,来处理刻版用木材。其具体方法是将现成的板材,在水中浸泡一个月左右,再晾干备用。浸泡的目的是使木材内部的树脂溶解,干燥后不易翘裂;如遇急用可将木板在水中煮三四个小时,再在阴凉处使其干燥。木板干燥后,两面刨光、刨平,用植物油拭抹板面,再用芨芨草细细打磨,使之光滑平整。

早在雕版印刷发明前,石刻文字已经有相当长的发展历史,各种雕刻工具已经发展到很高的水平,为木板雕刻,创造了良好的条件。

我国古代的冶金技术,在世界上处于领先地位。早在殷商时代,就能用青铜制造各种器具和工具。大约在周敬王七年(公元前513年),已经开始用生铁铸鼎。1976年在湖南长沙出土了一柄春秋末期的钢剑,经分析是含碳量0.5—0.6%的中碳钢,并经过锻打而成。从战国时期遗址的出土文物中,证明当时人们已能掌握一些热处理技术,以制造不同硬度的金属工具。到了战国后期,农业和手工业使用的工具,已普遍用铁器了。古代先进的冶金及铁器制造技术,也为石刻文字和木板雕刻,提供了优良的工具。

雕版所使用的工具主要是刻刀,其形状、大小有各种规格,雕刻不同大小的文字和文字的不同部位,都要选用不同的刻刀。在雕刻版内的空白部分,还需要不同规格的铲刀、凿子等工具。另外,还需要锯、刨子等普通木工工具和一些附属工具,如尺、规矩、拉线、木槌等。

印刷所用的工具,除台案外,还有印版固定夹具、固定纸张的夹子,以及各种规格的刷子。

关于早期刻版印刷的工具,在古代文献中未见记载,我们只能从现在的这些工具,去推断古代工具的情况。一般认为,古代的工具和现代的工具相比,可能只是材料的不同、加工制作精度的不同,其形状大约变化不大。

一般来说,雕版的工艺过程分为写版、上样、刻版、校对、补修等步骤。当最后校正无误后，才能交付印刷。

关于印刷一词在我国古代的文献上，也常常称为"刷印"，这是因为在印刷过程中要两次用到刷子，是通过刷而完成文字的转印，所以将刷字排在前边，以特别强调。

印刷除了印版外，还需纸、墨等材料和刷子、台案等用具和设备。纸、墨的质量决定着印刷品的质量。在一定的印版、纸、墨条件下，印刷工匠的技术水平则决定着印刷品的质量。因此，一件好的印刷品，要具备各种条件。

印刷的过程是先将印版用粘版膏固定在台案的一定位置上，再将一定数量的纸夹固在另一台案上。由于纸和印版都固定在一定的位置上，这可以保证每一印张的印迹规格都是统一的。印刷时先用墨刷蘸墨均匀地涂刷于版面，再从固定的纸中顺序揭起一张，平铺于版面上，再用干净的宽刷（或称耙子），轻轻刷拭纸背，然后揭起印版上的纸张，使其从两案间自然垂下，这时的纸张已称为印页或印张。如此逐张印刷到一定的数量。

印刷术发明后，印刷术的使用范围日益广泛。在刻印佛像、书籍、经咒、纸牌、报纸之后，到公元783年，又出现了在交易市场上作为商人纳税凭证的"印纸"。

 ## 中国版画形成

　　随着雕版工业艺术的发展,在隋唐时期产生了版画,中国古代版画主要以木刻版画为主,少数为铜版刻,个别还有套色漏印,它的制作,由于是经过刀在板上的镌刻,具有它独特的刀味和木味,其线条和艺术形象都不同于一般的手描画稿。中国版画的起源,与雕版印刷术的发明和普遍应用有着极其密切的关系,我国的雕版印刷术始兴于 7 世纪唐贞观年间,唐太宗皇后长孙氏去世(卒贞观十年六月)后,"官司上其所撰《女则》10 篇,采古妇人善事。……帝览而嘉叹,以后此书足垂后代,令梓行之"。这里的"令梓行之",就是将《女则》一书雕版印行,又有唐代冯贽《云仙散录》引《僧国逸录》所记:"玄奘以回锋纸印普贤像,施于四方,每岁五驮无余。"唐代贞观之治,文治武功达到前所未有的兴盛,促使雕版印刷从 7 世纪贞观年间逐渐发展起来,刻书地点遍布全国各地,可考的就有京城长安、东都洛阳、益州、扬州、江西等地,以益州最为发达。

　　版画的形成与佛教的传播也有着不可分割的联系,玄奘以回锋纸印佛像普施四方就是一个明显的例子。唐墓出土的唐刻梵文《陀罗尼经咒图》中的大臂菩萨像,就是至德二载(757 年)的作品,唐懿宗咸通九年(868 年)雕印的《金刚波罗密经》,由 7 张纸拼接而成,卷末印有"咸通九年四月十五日王为二亲敬造普施"的刊记。内容系佛在舍卫国祇树给孤独园为长老须菩提说法场面,画面正中释迦牟尼端坐于莲台上,菩萨、弟子及金

刚部众排列两旁，二狮子分卧佛座两侧，座前有菩提合掌顶礼，状极虔诚，空中飞天盘旋，气氛隆重，整幅画布局严谨，刀法熟练，线条细腻，显示出雕版印刷已达到相当高的水平。

至于唐代的版画，现存画迹数量已不少，可知绘图、雕工、印刷都具有相当高的水平。

唐贞观三年（629年），玄奘赴印度取经，至贞观十九年（645年）携大批印度经卷回归长安，可能就有雕版的经卷。而迟于玄奘十五年归国（显庆五年即660年）的王立策，从印度带归佛印四颗。此后，义净于证圣元年（695年）归国，又将印度用雕版印刷佛画的情况介绍过来。这对于我国的雕版佛画刻制质量的提高，起着一定的刺激作用。

又据载，唐德宗时，东川节度使冯宿奏请禁印民间版刻历书，说"剑南西川及淮南道，皆以版印历日鬻于市，每岁司天台未奏分而下新历，其印历已满天下"。又《旧唐书·文宗本纪》载唐文宗也曾"敕诸道府不得私置历日版"。这些记载充分反映唐代民间版印历书已很普遍。事实上，敦煌石窟的藏经中，就出现过不少民间历书，如唐中和二年（882年）的历书，题有"剑南西川成都府樊赏家日历"等字样，所以说版画起源于唐代，已有铁证，自无疑义。而且还证实，唐代版画除向雕版佛画发展外，还有着向文学书籍及民间用书方面发展的趋向。

唐代中国版画的形成，对后期宋元明清时期的繁荣打下了深厚的基础，至16世纪明代的万历年间，已达高峰状态，至明天启、崇祯、清康熙、乾隆、嘉庆，一直兴盛不衰。这期间，出现了版画的各种流派，并创作出大量优秀作品，成为中国古代版画的辉煌时期。

雕版佛经与佛画

唐代佛教兴盛，僧尼遍于各地，佛教势力极大。当时的佛教徒为了扩大教义的宣传，鼓励人们多诵经，多抄经，并说如此可以消灾祈福，所以信佛的人，如有条件，莫不抓紧时间来诵经或抄经。但是，抄经的产量究竟不大，所以当雕版印刷发明之后，佛教徒们便鼓励人们刊印经卷。刊印比之手抄，在数量上既要来得多，作为宣传，效果自然也更大。因此在盛唐的物质条件下，有钱的施主便出钱刊印经卷。这种风气，当时如风起云涌，于是也就使雕版印刷得到迅速的发展。

这些雕版佛经与佛画，由于距今年代久远，又经过唐武宗会昌五年（845年）的"灭法"，以及历代兵乱水火之灾，虽然留存下来的不多，但也相当可观。

1.《梵文陀罗经咒图》

版画《梵文陀罗经咒图》，于1944年发现于四川成都的唐墓。当时这件作品藏于死者所带的银镯中。

该图约刻于唐至德二年（757年）至大中四年（850年）之间。画芯为茧纸，木刻板印，高31厘米，横34厘米，中部、左角皆残损。正中有菩萨像，八臂，手执法器坐于莲座上，像外四周刻梵文经咒。最外的周边，四围各刻五菩萨像，排列齐整，很有规则，颇具装饰趣味。

2.《金刚般若波罗蜜经卷首图》

《金刚般若波罗蜜经卷首图》（简称金刚经图），于 1900 年发现于敦煌莫高窟。金刚经本文共七页，成一长卷形式，卷首这幅木刻扉画，高 24.4 厘米，横 28 厘米。卷尾有"咸通九年四月十五日王玠为二亲敬造普施"款一行。扉画右上角有"祇树给孤独园"的标题，下右方有"长老须菩提"标题。

《金刚经》一书，记佛与其弟子须菩提的谈话，扉画"祇树给孤独园"，便是描写释迦佛正坐在祇树给孤独园的经筵上说法，弟子须菩提正在跪拜听讲。佛的左右前后，立有护法神及僧众施主 18 人，上部有幡幢及飞天。此图刀法极为纯熟峻健，线条也遒劲有力。从刻线中可以看出毛笔的运用，既是肥瘦得中，又是浑厚流利。而释迦及其弟子和天神等的形象，更具有中原画风的特色。这是我国雕版佛画中，一幅非常珍贵的艺术遗产，它形象地说明我国到了晚唐，雕版艺术已达到了纯熟和精妙的程度。

画中所标年份为咸通九年，即公元 868 年。所以这件作品被公认为世界上有准确纪年的最早版画。虽然这幅作品比之前述在四川成都发现的《梵文陀罗经咒图》版画迟约百年左右，但较欧洲现存的最早古木版画《圣克利斯道夫像》却要早 500 多年。

此外，唐代的佛教雕版画还有不少零星的发现，如有的发现于新疆，今则藏于辽宁旅顺博物馆，有如"贤千佛"的残片，有的竟以朱色捺印连续成"千佛"，有的绘刻精细，均属上品之作。

书籍册页装形成

简策是中国最早的书籍装订形式，对后世书籍装订形式之演变颇具影响。譬如，简策的"策"与后世册页书籍的"册"同义；赘简演变成护封、封面和扉页；末简与卷轴装的"轴"相类似；盛装简策的"帙"和"囊"演变成后来的"函套"等。简策装这种装订形式，起自商周，迄于东晋，应用时间很久。随着纸的应用和纸本书的通行，简策书籍逐渐为纸本书所代替，这种装订方法也随之消失了。

卷轴装始于帛书，是由卷、轴、飘、带四部分组成的、类似于简策卷成一束的装订形式。卷轴装型制，在其一长卷文章的末端设一较幅面宽度长出少许的轴（一般为木轴，但也有考究者），以轴为轴心，将书卷卷在轴上。缣帛的书，文章是直接书写在缣帛之上的；纸写本书，则是将一张张写有文字的纸，依次粘连在长卷之上。卷轴装的卷首一般都粘接一张叫作"飘"的、质地坚韧而不写字的纸或丝织品，飘头再系以丝"带"，用以保护和捆缚书卷。阅读时，将长卷打开，随着阅读进度逐渐舒展。阅读之后，将书卷随轴卷起，用卷首丝带捆缚，放在插架上。

卷轴装这种装订形式应用时间最久，它始于周，盛行于纸本书初期的隋唐，一直沿用至今。现今书籍虽均用册页装式，但装裱字画仍沿用卷轴装。

卷轴装的装饰，即轴、带、帙、签等所用的材料和颜色的不同，是古代图书分类的重要方法。如隋炀帝时，就以轴的贵贱来区别书籍的价值：上品书用红琉璃轴；中品书用绀（稍微带红的黑色）琉璃轴；下品书则用漆木轴。再如，唐玄宗时，曾用轴、带、帙、签的颜色来区分书籍的种类，其经、史、子、集四大，类书，分别以钿（用金片或其他物品做的装饰）白牙轴、黄带、红牙签；锚青牙轴、缥带、绿牙签；雕紫檀轴、紫带、碧牙签；绿牙轴、朱带、白牙签，以为区别。

印刷术发明后，随着社会、文化、乃至印刷事业的不断发展，印本书日益增多，为便于翻阅，书籍的装订形式逐渐由卷轴装向册页装演变。作为过渡形式，出现了"旋风装"和"经折装"。其中，旋风装近于卷轴装，而经折装则近于册页装。

放在插架上的旋风装书籍，外观上与卷轴装是完全一样的。它与卷轴装的区别，只有在展卷阅读时才得以看到。一般卷轴装的书卷，是用一张张粘连起来、外观上是一张整张的长条纸书写文章的；而旋风装则是把一张张写好的书页，按照先后顺序逐次相错约一厘米的距离，粘在同一张带有卷轴的整纸上面（或先粘书页后装裱）的。展开平放，错落粘连，形状如龙鳞。所以叫"龙鳞装"。就其翻阅的状态而言，犹如旋风旋转一般。现存故宫博物院的唐朝吴彩鸾手写的《唐韵》，用的就是这种装订形式。

旋风装这种装订形式，古书上曾有多处记载。如宋朝张邦基在其《墨庄漫录》中，有"逐页翻飞，展卷至末，仍合为一卷""今世间所传《唐韵》，犹有旋风叶"的记载。清朝叶德辉在其《书林清话》一书中，谈到旋风装的特点时，说它是"鳞次相积"。

总之，旋风装由卷轴装演化而来，它形同卷轴，内装书页，鳞次相积，逐页翻飞，对于这种装订形式，历史文献上的记载与现在仅存的唐朝吴彩鸾手写《唐韵》实物相合。它是中国书籍由卷轴装向册页装发展的早期过渡形式。

093

经折装是将一幅长卷，沿书文版面间隙，一反一正地折叠起来，形成长方形的一叠，首末二页各加以硬纸的装订形式。这种装订形式已完全脱离卷轴。从外形上看，它近似于后来的册页书籍，是卷轴装向册页装过渡的中间形式。

经折装的后期，又出现了一种将经折装的前后封面连为一体，即用一张稍大于经折装之两个版面（加书脊厚度）的硬纸，将折叠成长方形经折装的首末两面粘连，并将书背包裹起来的装订形式。这种装订形式出现在经折装通行的后期，是经折装的变种，仍属经折装范畴。是卷轴装向册页装过渡的晚期形式。

知识链接

最早的印刷报纸

我国最早出现的报纸叫邸报，是手工抄写的。印刷术发明后，我国最早出现的报纸是《开元杂报》。最早记载《开元杂报》的是唐朝的孙樵（字可之、隐之）。它在《孙可之文集·读开元杂报文》中说："于襄、汉间得数十幅书，系日条事，不立首末。其略曰：某日，皇帝亲耕籍田，行九推礼；某日，皇帝自东封还，赏赐有差；某日，宰相与百僚廷争一刻罢。如此凡数十百条，未知何等书。有知书者自外来，曰此皆开元政事，盖当时条报于外者。樵后得《开元录》验之，条条可复。"邸报比欧洲最早印刷报纸要早900年，是印刷术发明后的早期印刷品之一。

扩展阅读　印刷术传播至东南亚

中国和越南地理接壤，而且越南在很长的历史过程中也使用汉字，两国在文化上有很多相同之处。中国的造纸术和印刷术除了很早就传到东方邻国朝鲜和日本外，也向南方的邻国越南传播。

早在公元 3 世纪，越南就掌握了造纸技术，其所用的工艺方法和原料，几乎和中国相同。后来他们用当地所产的沉香树皮为原料，制成了"蜜香纸"，并销售到中国。中国的宋明以来，越南经常向中国的统治者进贡所制的优质纸及纸制品。中国的印刷术向越南的传播，比朝鲜和日本都要晚些，但传播的方式是相同的，即先通过交换、赠送等形式，从中国输入书籍，并在此基础上学习中国的刻版、印刷技术，逐步开始自己的印刷事业。公元 11 世纪（中国的宋代），越南人开始用自己的特色产品交换中国的书籍，宋朝政府也曾向越南赠送过三部《佛藏》和一部《道藏》。中国元代初年（1295 年），也曾向越南赠送过一部《大藏经》。在此之后不久，越南的一些寺院及民间，曾依照《大藏经》刻印过零星的单篇佛经，而且连续不断地进行着佛经的刻版印刷。

越南政府印刷儒家书籍，约开始于公元 13 世纪。公元 1427 年刻印了《四书大全》，这是越南最早出版的儒家经典。公元 1467 年又刻成《五经》印版，并大量印刷发行。公元 15 世纪后，越南的政府印刷逐渐兴盛，中国的史书、诗文集、医书、小说等书，都有刻版印刷。其中有名的有《文献通

考》《昭明文选》《通鉴纲目》等。除了依照中国的版本翻刻书籍外，也开始刻印越南人自己的著作。

为了学习中国的刻、印技术，有的越南人专程到中国来。公元1443年和1459年，越南长津县红蓼人梁如鹄，先后两次到中国学习刻版技术，回国后在乡人中传授这一技术，从而促进了越南民间印刷业的发展。

大约公元18世纪初，越南才开始使用木活字排印书籍。最早的木活字印本是公元1712年排印的《传奇漫录》，后来也曾向中国购买过一副木活字，排印过《钦定大南会典事例》及《嗣德御制文集诗集》等书。

约公元17世纪，中国的彩色印刷年画的技术，也传到越南。在越南的河内、湖村，都有一些专门刻印年画的作坊。他们不但所用的工艺方法和中国相同，甚至画面的题材、内容也多吸收中国的传统文化。

早期的越南印刷品几乎都用汉字，后来出现了用汉字印正文，用喃字（越南根据汉字创造的越南字）印注音的方法，也有汉字、喃字混合使用的情况。公元19世纪中期，越南开始使用拉丁文文字。

早在公元10世纪，菲律宾就和中国有贸易来往。北宋太平兴国七年（公元982年）菲律宾商船就来到广州。明代以后，菲律宾几次派使者来华，两国的交往更多。与此同时，东南沿海一带的大批华人纷纷来到菲律宾经商或定居，同时带去了大批中国书籍。随后，中国的一些刻版、印刷工匠，也到菲律宾从事印刷工作。现存最早的菲律宾印刷品，是刻印于公元1593年的《无极天主正数义真传实录》的中文译本。此书不但出自中国刻工之手，而且在版面形式上也继承了中国书籍的风格。从公元1593年至1640年，中国刻工可考者有8人在菲律宾从事刻书工作，在这期间还培养了一批当地的刻工。公元1604年，一位华人工匠铸造了一副金属活字，并印了几种书。

中国印刷术向东南诸国传播有几个显著的特点，一是多由中国刻工亲自参加刻印；二是印书内容多为天主教方面的书籍。他们既采用中国的传统印刷方式，也吸收了一些西方的印刷技术，并对后来西方印刷技术的传入，起到了一定的作用。

除了上述提到的几个亚洲国家外，中国古代的印刷术对亚洲各国都有一定的影响。

大约明代初期，中国的雕版印刷品就传到泰国，其中有历书、纸币及其他书籍。在当时南京的国子监，就有泰国的学生。也有不少华人到泰国定居，其中也有人从事刻书印刷事业。

在马来西亚、新加坡等国，也都有中国的刻工从事刻书工作，但时间较晚，而且受西方天主教的影响较深。

第五章

石窟造像
——技艺高超的隋唐雕塑文明

隋唐两代,是在结束了三百余年分裂割据局面后,出现的一个新的全国大统一时代。从总体上讲,这是一个处于相对和平安定、物质和精神文明全面兴盛的时代。这一时期,政治经济文化空前兴旺发达,中华艺术再现百花竞放的局面,石雕艺术也形成发展的新高峰。

华丽丰满的隋唐石雕文明

中国隋唐时代在经历了延续约3个半世纪的分裂和动荡以后，重新得到统一和安定，进入一个政治经济空前繁荣的历史时期，从而促使雕塑艺术的发展出现新高峰。

唐初，由于国家尚未从战乱的创伤中恢复过来，所以唐高祖李渊献陵的石刻也只是初具规模，陵墓的四门各有一对石虎，内城南门以南各分列石犀、华表一对，其造型浑厚古朴，远不及后继者精工典雅。

唐太宗昭陵依山为冢，陵前石雕群也未列为定制，但是昭陵前所设置的浮雕石刻——"昭陵六骏"，却是旷古罕见的现实主义杰作。

自唐高宗和武则天合葬的乾陵开始，陵前石刻形成定制，其雕刻的内容可分以下几类：依次为石狮、石人和石马及马夫、双翼兽和北门六马、蕃王像、华表、碑石和无字碑及述圣记碑。不过这种陵前石刻制度后来实行得并不十分严格，尤其是随着政体的衰落和经济文化的萎靡，后继帝陵已难现乾陵石刻的雄姿。

乾陵石刻组合及其艺术成就，在古代陵邑制和雕塑史上都具有十分深远的影响，事实上唐中晚期、五代、宋，连许多周边地方政权的陵墓石刻，都是仿乾陵石刻而建制的。这些作品伟岸浑雄、刻工娴熟，在高大的陵墓前伸展，其恢宏气势恰如其分地衬托出了帝王的勋业及其庄严神圣的凛然姿态。

物盛及衰，安史之乱引发了社会多年积聚的各种矛盾，人民又重新面临世界再造的离乱，所以中唐以后的帝陵石刻，已无法与盛唐的石雕比拟，其造型的粗陋，线条的无力，使得石雕形象已失去昔日的雄风。晚唐一代的帝陵也徒具陵前石刻规模，其形制的瘦小，华贵风格的失落，已暗示着李唐王朝风雨飘摇末日的来临。另一方面，我们也看到，汉唐以来贵族在陵墓设置石刻群雕的风气，也影响到了周边的民族及地区。

　　隋唐石刻艺术的伟大，主要还是集中地体现于在建筑上的广泛运用方面。在南北朝时期，佛塔是寺庙组群的中心建筑，到了唐朝，它虽然失去中心地位，但仍不失为佛寺的重要组成部分，其庄严劲健的造型，还是衬托公共建筑和都市景观的依凭。唐代佛塔以砖塔为多，石塔凤毛麟角，其代表作有唐乾符四年山西平顺县明惠大师塔。

　　开凿佛教石窟寺，经南北朝至隋唐时代，达到了它的巅峰期，其范围已由华北扩展到长江以南地区，刻造石窟及其造像的功德主已由帝王贵族扩展到一般平民，这就形成了多不胜数的大小窟室和佛龛造像，从而也使得石窟寺艺术仿木结构建筑的因素大大减弱了。

　　此外，在佛像的造型处理上，前后期风格样式也发生了变化。龙门的北魏造像，初期仍为大同云冈旧式，虽有局部的变化，但面容刻画多为清瘦秀劲的秀骨清像。北齐造像则开始呈现矮胖壮健、隆胸宽肩的体态，这是一种由北魏风格向盛唐风格过渡的具体表现。

　　唐太宗至高宗时期的唐代龙门佛教造像，大多圆肥丰满，身躯挺直，刀法系直刀与圆刀并用，开始注重人体解剖关系，实现了造型风格的重大突破。

　　武则天时期的龙门石窟造像，是唐代造像的标准典型，也是盛唐石雕艺术最杰出的代表。充分地反映了中国古代石雕艺术发展到盛唐阶段，其技艺已达到极为高超的程度。

与其他艺术门类一样，石雕的盛衰皆与当时政治、经济、文化和宗教的繁荣及衰颓有关。据传闻，奉先寺卢舍那大佛的典雅华丽形象，就是以武则天的容貌为原型塑造的。当时，武则天曾以皇后身份"助脂粉钱两万贯"，并率百官大臣参加大佛的开光落成仪式，盛况空前，一时传为美谈。神圣的宗教场所，成了世俗社会竞奢逐华的乐土，自然宗教的神像也就被人情世故气氛所浸染，佛像衣褶的华丽流动，丰腴暴露的肌体，曲线婀娜的绰姿，都衬映出盛世的尘嚣。

知识链接

飒露紫的故事

据《旧唐书·丘行恭传》记载，李世民与王世充在洛阳邙山的一次交战中，和随从将士失散，只有将军丘行恭一人紧随其后。突然，一条长堤横在面前，围追堵截的王世充骑兵又一箭射中战马"飒露紫"，在这危急关头，大将军丘行恭急转马头，向敌兵连射几箭，随即翻身下马，把自己的坐骑让与李世民，自己一手牵着受伤的"飒露紫"，一手持刀和李世民一起奋勇杀敌，连杀数人，才得以破阵而出，回到营地，丘行恭为"飒露紫"拔出胸前的箭之后，"飒露紫"就倒下去了。

李世民为了表彰丘行恭拼死护驾的战功，特命工匠将拔箭的情形刻于石屏上。石刻"飒露紫"正是捕捉了这一瞬间的情形，中箭后的"飒露紫"垂首偎人，眼神低沉，臀部稍微后坐，四肢略显无力，剧烈的疼痛使其全身颤栗。飒露紫为立姿，前面的武士是李世民部下的大将丘行恭正在拔箭。这种救护之情，感人至深。

 隋代石窟文明复兴

　　隋初取消了佛禁，人们下大力气修缮废弃已久的旧寺，石雕佛像一时间又随处可见了。皇帝下诏把从前失散的残像移回寺里，又颁布法令：凡是有敢毁坏偷盗佛像、天尊雕像和各地岳镇海雕像亵渎神灵的人，以违反道德的罪名论罪。那些入了沙门却破坏佛像，当了道士而破坏天尊石雕的人，都以大逆不道论罪。

　　虽然从艺术风格来说，隋代雕刻不过承袭周齐，尚处过渡时期，但也出现了一些精品，据梁思成先生的说法，"实为我国宗教雕刻之黄金时代"。这个时候，环境适宜，技艺上亦已臻完善，可以随心所欲投入创造了，但从遗存的作品来看，大体上严正平板，缺少兴味，但对人体的塑造，确有进步。

　　隋代石窟极多，最重要的在山东境内，如历城千佛山、玉函山，益都（青州）驼山、云门山等处，而从前的云冈、龙门、天龙山也不断扩容。值得重视的有天龙山第八窟洞外的四大天王，两具在洞口，两具在碑旁，都是开皇四年的作品，与同一个洞内的佛像比较，不可同日而语。动作暴烈、庄严，衣褶颇流畅，刻工已知利用衣褶的飘扬，来表示身体的动作，这在中国传统石雕中是前所未见的。

　　陕西境内隋像遗物，头部多丰满，不像北周造像那么方整。形体及结构的精确，都超过北周。五官刻画得尤为仔细，双线代眉，弯曲长细，面露

千佛山观音像

微笑，已有个性显现，微妙的表情不是笔墨所能形容。

　　隋代造像中最精美并能代表时代特征的作品，当属千佛山观音像，体态轮廓一变呈椭圆形，自腰部及肘部向上下展出，于足部及头部向内收缩。衣褶的主要线纹方向相随，胸前背后及至头部之线纹也如此，表现出一种极为纯粹的调和之美与幽静的状态，动态和缓、抑扬有序，不像前期造像那样骤然起伏。

　　同样值得注意的是云门山的石雕，这里大型塑像的数量不多，并且残损严重，但其优美并不因此而稍减。石像依摩崖作龛供养，日光阴影尤增其美。佛龛中一佛、一菩萨、一天王胁侍，本尊则高踞宝座之上，最大特点是衣裙褶纹除韵律的表达之外，还特别注意光线的效果，面貌突出个性，目张唇展，从中传达出作者的审美取向。

唐朝石刻佛像兴盛

唐代是中国封建社会发展的顶峰时期，经济空前繁荣，社会相对稳定，文化昌盛，中外交流十分频繁。在统治者的提倡和鼓励下，佛教又有了新的发展，教派众多，寺院林立。石刻佛像也因此而兴盛发达，取得了空前成就。

石刻佛像自北魏以来风靡一时，隋代造像则具有承上启下的过渡特点。在艺术上一方面因袭了前代造像的风格：头大，衣袖长阔，线条呆板，方正肥重；另一方面已开始注意人体造型，力图摆脱传统线的结构，向立体、写实方向发展。唐代的石刻佛像，正是在隋朝的基础上，进一步发展、创新而来，大致可分为初唐、武后、玄宗三个时期。

初唐石刻佛像具有体态轮廓多呈椭圆形、造型严整平实、头大身直的特点，面部多丰颊方颐，接近中国人的实际造型；衣褶线条随着身体曲线的起伏而延伸，显得舒展流畅，说明已十分注意人的自然形体。在雕刻技法上，既继承了前代用直刀平法表现细部纹饰的传统，又创新发展了向下凹入的圆刀法和中凹边高的技法，更富真实感。

武则天在位期间，大力提倡建寺造佛，石刻佛像精品多有出现。较著名的有山西博物馆藏久视元年（700年）弥勒坐像、龙景年间（707—710年）大云寺涅槃变造像（此像高逾2米，正面及背面上部雕有涅槃、焚棺、树塔等多幅故事画）、西安宝庆寺长安三年（703年）和四年的高浮雕像、

成都万佛寺的力士像和观音坐像等。此时期的石刻佛像，在题材上得到扩充，雕刻家不仅塑造阿弥陀佛、观世音菩萨及众多的菩萨像，也把现实俗世生活中的形象和内容反映到作品中。这时期的佛像神秘压抑的气氛减少，面容亲切动人，身体丰腴圆满，笔意壮阔；姿态亦多由正面直立改为细腰斜倚，楚楚动人，正所谓"菩萨若宫娃"，南北交融的风格非常明显。在雕刻技法上，不再有固定的程式，各部分刀法各不相同，更贴近写实。雕刻家们善于用圆浑突起的圆刀线条来表现作品的细部，做到在细微处见功夫，着力避免表现对象的动作与表情的雷同。这时期的佛像雕刻一扫佛教艺术的与世隔疏和前代佛像雕刻的庄严肃穆，反映了唐代中国人的气质和审美眼光。

玄宗时期为石刻佛像创作的艺术顶峰，出现了有"塑圣"之称的杨惠之等一批大雕塑家。现存此时期有名的佳作有：西安宝庆寺塔开元十二年（724年）的十一面观世音像、邯郸肥乡县天宝元年（742年）玉石菩萨像、五台山佛光寺的汉白玉雕像等。这一时期的造像以细腻真实为追求对象，有强烈的世俗意味。唐时社会以丰腴为美，受此影响，佛像圆润丰满，宽妆高髻；菩萨身躯弯曲扭转，富有端庄柔丽的女性美；天王力士高鼻深目，满颊须髯，孔武有力；飞天头梳时式女髻长裙曳地，飘带飞扬。在技法上，圆刀刻画已炉火纯青，表现对象生动劲健富于质感，而且将性格和形体动作巧妙地结合起来，使得刻像在造型和心理描写方面完美统一，意境高远，充分体现了盛唐气象。

隋唐时代的石刻浮雕和线刻绘的精品还有很多，其总的特点就是装饰于建筑、石窟寺和墓葬及其随葬物。现存的唐代大雁塔石刻装饰浮雕——舞乐天人，就是当时建筑石雕的杰作。其中舞人的姿态自由欢快，飘飞的带饰充满动感，端坐的乐伎各具绰姿，形成对比观照，左琵琶右琴瑟，夸张舞动的带饰，使整体画面实现了动态的平衡。它与佛教艺术中最美的飞天形象皆有异曲同工之妙。

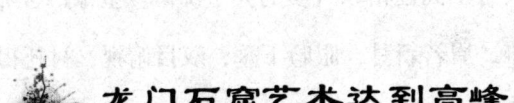
龙门石窟艺术达到高峰

龙门石窟在唐代，尤其是唐高宗、武则天时期所造窟龛最多。在龙门石窟造像之风中，王室及文武官吏起着主导作用，其他还有僧尼、行会、士庶、街坊以及新罗、康居、吐火岁等外国僧俗。

唐代龙门石窟从规模上看有大洞、小洞、小龛三类，有七百个窟龛。这一时期，窟龛中造像题材扩大了，除北朝已有的释迦、弥勒、无量寿、观世音、三世佛之外，出现了卢舍那、大日如来、地藏像、优填王像、业道像、药师像、宝胜如来像、维卫佛、多臂菩萨、千手千眼观音和历代祖师像，同时还有刊造经文的人像。这时西方净土崇拜大为流行，阿弥陀及牧苦观音像几乎占去唐代造像总数的一半。

唐代的代表窟有潜溪寺、宾阳南、北洞（以上二洞的佛像完成于初唐、洞窟及藻井则于北魏已完成）、奉先寺、净土堂、龙花寺、极南洞。这些古窟都在伊川两岸的山岩上，东岸的岩壁上则全是唐代窟龛，其中有大窟七个。有二莲花洞、看经寺、大万五佛洞、高平郡王洞等。唐代龙门石窟艺术在经过南北朝数百年发展之后，达到了成熟阶段。龙门窟龛的造像规模、题材、技巧，都达到了空前完美的程度。可以说，从唐太宗到唐玄宗初年这

一段时期，龙门的造像活动一直比较兴盛，是龙门石窟上的第二个造像高潮。这一时期龙门最富有成就的代表作是奉先寺大型群像的雕造，它是中国雕刻史上的高峰，奉先寺是露天摩崖造像群，南北宽约36米，东西进深约40米，主要造像九尊。都栩栩如生、神采飞扬，艺术家按照佛教规定的形象，雕造了具有不同性格和气质的大型佛像。主像卢舍那大佛，面颊丰满圆润，庄严典雅，眉若新月，眼睑下垂，双目俯视，衬托得那双灵活而又含蓄的眼睛更加秀美，鼻梁直挺，嘴巴微翘而又含笑不露，她庄重而文雅，睿智而明朗，是艺术典型中的完美形象。其后的背光，构图精美，雕划细致，是龙门最大的背光装饰。外围浮雕飞天、伎乐一周，彼此呼应，密致无间，匀称和谐。佛像左侧是弟子迦叶，右侧是阿傩，二弟子外侧是二菩萨，面如满月，表情宁静矜持。毗沙门天王身着甲胄，沉着威武，金刚力士怒目张口，好像蕴藏极大的力量。两侧造像既有主从对比，也有文武、动静的对比。奉先寺是最具代表性的石窟。

在龙门唐代的造像题材中，弥勒佛的造像数量仅次于阿弥陀佛，菩萨中以文殊、观世音为最多。龙门唐代弥勒佛，全部作佛装、善跏趺坐，左右有二弟子二菩萨侍立。

千佛洞、惠简洞、大万伍佛洞、极南洞和摩崖三佛都是以弥勒佛为主尊的。大万伍佛洞后壁雕出一弥勒，善跏趺坐于高背椅上，左右为二菩萨，椅上刻龙、骑狮人，鸟头刀身兽及日月山水等。四壁及门外上部遍刻小佛，东南北三壁下部刻出罗汉二十五身。窟窿顶的中央刻八瓣莲花，周围绕以飞天、珍鸟、禅云、宝塔、笙、箜篌等。全窟烘托了一个亿万人成佛，快乐安稳，光彩夺目的弥勒净土境界。

龙门唐代的飞天不再持乐器，而专持花、果，作供养天人。万佛洞的飞天，头梳双丫髻，瓜子形脸，颈有项圈，上体裸，下穿裙，露足，身平卧，似于水中游泳。看经寺的飞天,头梳高发髻,面相圆润,肌肉丰满,帔帛和裙裳飘扬,袒胸露足。

大万伍佛洞三壁刻罗汉二十五身,是我国较早的一组罗汉群雕。每身罗汉旁都有一段摘自《付法藏因缘传》雕像的楷书铭文,从而可知这二十五祖名号。罗汉雕刻起伏丰富,动势刻画入微,线纹流畅,风格柔和,风度落落大方,极富真实感。龙门唐代供养人像,生动真切,代表一代人物风貌。

龙门石窟地处中原,是外来的佛教艺术植根于民族传统艺术土壤之中的丰硕成果,是我国古代雕塑艺术完整体系的集中表现。因此,龙门石窟在我国石窟艺术中有自己的特殊历史地位。

佛教文明宝库:敦煌彩塑

公元4世纪以来,历代王朝不断在敦煌地区开凿石窟,使之逐渐形成了一座博大精深,融建筑、壁画、雕塑为一体,堪称世界上保存最好、富有中国民族特色的佛教艺术宝库。

敦煌是位于西北交通要道的一个边陲重镇,是古代东西方文化交流的必经之地,是汉武帝已建立的河西四部之一。两晋时代,这里已有佛教活动。前秦建元二年,乐僔和法良两位僧人开始在此建窟。最早的石窟为西域式穹窿顶向覆斗藻井过渡的殿堂窟。275窟为纵长人字坡顶殿堂窟,南北两壁还保留有汉式阙形龛。表明敦煌石窟一开始就形成把西域石窟与中原宫

阙建筑结合起来的构筑范式。

北魏时期，西域保持了相当长时间的相对稳定，崇佛之风迅速蔓延，石窟被大量开凿。在整个北朝，共开凿石窟40座，其中北凉7座，北魏8座，北周15座，西魏10座。窟型已逐渐由覆斗藻井殿堂窟代替了中心柱窟。

隋统一南北以后，经济得以迅速发展，为了防御突厥的侵扰，隋炀帝锐意经营西域，敦煌的商贸活动十分繁荣。崇信佛教的隋文帝、隋炀帝对开凿石窟十分热心，在短短的37年间，共开凿石窟80座，敦煌艺术宝库已初具规模。

北朝时期的洞窟窟形主要有平面长方形或方形，正壁开龛，两侧壁附有方形小禅室，窟顶平顶和覆斗形顶的禅窟，有平面长方形，中后部凿有连顶接地的方形塔柱，柱的四面开龛造像，前部人字坡形顶，后部平顶的中心塔柱窟。还有一种是平面方形；正壁开龛造像或仅造像，个别窟两侧壁开列龛，覆斗形顶或人字坡形顶的殿堂窟。隋朝除沿袭这些建筑格局外，规模更趋阔大恢宏，有以倒塔式须弥山为中心柱者，四龙旋绕，环列千佛，形式新颖，内容独特。

壁画是敦煌莫高窟及其他洞窟的艺术主体，是研究那一历史阶段不可或缺的宝贵资料。北朝壁画主要有四种类型。其一是佛像画。有佛、菩萨、弟子、天宫、伎乐、金刚力士等。其二是佛经故事画。有佛传故事画，描述释迦牟尼一生或某些主要事迹的传记故事，本生故事画为释迦牟尼前生作各种善行救渡众生的故事，如尸毗王割肉贸鸽，萨埵太子舍身饲虎，须达拿乐善好施等13种。而因缘故事画，则为佛度化世人或外道皈依佛教的故事，如沙弥守戒自杀、五百盲贼得眼皈依等9种。故事画有单幅单情节、单幅多情节、多幅连环画等形式。其三是传统神话传说画如东王公、西王母、伏

隋代千佛造像

羲、女娲、羽人、飞廉、风神、雷公、雨师、辟电等。最后是供养人画像，也就是出资开窟造像者任窟内画出自己和眷属供养佛菩萨的形象，其身份有王公贵族、世家大族、僧侣以及少数民族等。形象不满一尺，千人一面，排列成行，绘于四壁下部，像前有题榜，题写供养人的姓名、籍贯、职衔。

　　隋代壁画处于向民族化转变的过渡时期，内容上故事画日渐减少，而经变画正在增多。《法华经变》《药师变》《维摩变》《弥勒变》等相继出现。以汉式宫阙表现弥勒净土，弥勒菩萨交脚坐于宫殿内，两侧的垂楼高阁中着霓裳羽衣的天女弹琴奏乐，载歌载舞，楼阁之外，菩萨摩顶受戒，天女凌空散花，构成一幅幅新颖画卷。隋代人物造型，逐步走向写实，其面相丰润而多样，比例适度，衣裙遍饰波斯风织物花纹，金碧辉煌，灿烂夺目，使隋代菩萨别具风格。

　　敦煌石窟的彩塑分为圆塑和影塑两种，圆塑包括主像和其两侧的胁侍像，主像有释迦牟尼、弥勒、释迦多宝并坐像等，胁侍像早期为二菩萨，晚期增二弟子，影塑有粘贴于中心塔柱和四壁上方的供养菩萨、飞天、千佛等。此时彩塑体态健硕，神情端庄宁静，姿态简单，风格简朴厚重。

　　历经北朝和隋朝的敦煌石窟，规模不但扩大，艺术积淀已显得十分厚

实，标志着这座中华民族的艺术宝库逐渐形成，为它在唐代走向成熟和辉煌奠定了坚实的基础。

珍贵的艺术宝藏——石刻线画

唐代石刻线画艺术在前代基础上继续发展，取得辉煌的成就，为后人留下一份珍贵的艺术宝藏。

唐代是我国文化艺术发展史上最光辉灿烂的时代，既遥承汉魏以来的优良传统，又接受南北朝各族和外国宗教艺术风格，创造出具有独特气象的新风格。在美术领域里，宗教题材的绘画艺术也进入了一个黄金时代。唐代画家之多，成就之高，远胜前朝，其中以吴道子最负盛名，对石刻线画艺术作出的贡献也最为卓著。现存石刻线画中署名吴道子的为数不少，多为大场面的道释作品，但有一部分可能是后代辗转传摹之作。

唐代石刻线画以道释人物画最为常见，艺术成就也最高。龙朔三年（663年），书法家欧阳通书成《道因法师碑》，碑座绘刻了两组形貌古怪、衣装奇异的外族贵人像，两组人物相向而立，一文一武，似乎是异国来华朝奉者，反映了初唐时中外交流的一个侧面。由于人物衣饰不同，所用手法也不同，既有表现软薄衣质的"曹衣出水"画法，又有表现盔甲皮鞭靴的硬线条画法。与此同时的有《阿弥陀佛说法图》门饰画，画分上下两层，上层中画阿弥陀佛坐于莲座说法，莲座下有托着化生童子作拜佛状的两朵莲化；下层画乐舞伎人，仿佛是南亚人物。画法采用"铁线描"手法，衣带摺叠多直角，形象勾勒挺拔，需要极高的写真本领和白描技巧。这两幅作品早于吴道子半个世纪。

唐代始尊道教，唐太宗后形成儒居第一，道释次之的排列次序。唐代道教的石刻线画多刻于造像碑上，如陕西西安碑林。太原山西省博物馆有尊"赵思礼造常阳天尊"白石雕像，像座两侧及后面刻道上及供养人画像，此画可看到唐代石刻线画技法的变化，其中人物所着服装也不同于前代，对古代服服装变革的研究很有意义。

反映唐初统治者既尊道教，又不废佛教的石刻线画，以西安大雁塔门额东侧一面装饰画最有典型意义。图中画佛踏莲花作说法式，另有阿难、迦叶两个供养弟子和六大菩萨，其后却是天龙八部神像，包括形如真君、懦者、星宿天官之神，图中主尊及菩萨相貌已与凡人容貌相结合。

北京房山区石经山石窟中存有大和元年（827年）所刻大宗石经，碑首刻有菩萨、天王、供养人等石刻线画，精美华丽，为碑石增色不少。这些石刻线画多以阿弥陀佛为主尊，少量以释迦牟尼佛为主尊，反映了晚唐"大乘"佛法所提倡的简易佛法已代替了过去以释迦为主、注重苦修的"小乘"佛教。这些石刻线画都呈现出较高的艺术性，是唐代流传至今的重要艺术品。

在西安新城内发现的一个佛座上刻有以音乐为题材的石刻线画，十分罕见。佛座三面绘有三组乐队，分别是打击乐、弹拨乐和管乐，具体地表现了当时流行的许多乐器，其中还有西域传来的曲颈琵琶和鼓等。画中还可看出艺人们的手势、指法和表情，十分生动。

另一类石刻线画多见于墓葬中，如墓门、石椁、石棺、墓志上，是王公贵族葬具的装饰，内容是亡者生前豪华生活的写照。石椁上多是宫女宦官、时装人物，不再有北魏墓葬中的神仙鬼怪图样。陕西发掘出土的淮安郡王李寿墓石椁上，绘有十八个侍女，多穿贴身紧衣，肩搭帔帛，长裙飘飘拖至脚面，履头翘露，发型盘顶呈扁圆形，仍像隋代人物。而永泰公主石椁线画中的仕女，有的发型反绾如莲瓣，有的高耸如飞翼。从这些墓葬线画中可清晰地看出隋唐妇女衣饰的发展轨迹。除人物外，墓葬中也不乏花草图案。

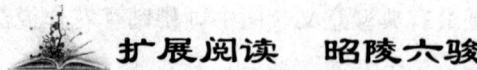

扩展阅读　昭陵六骏

昭陵是初唐著名建筑家兼画家阎立德主持修建的，大画家阎立本也参加了设计。昭陵建于海拔1188米的九嵕山的主峰上，北坡稍缓，南面则陡峭壁立，直插云际，气势非常雄伟。陵区周长60公里，占地面积约3万多亩。据五代时盗掘者温韬所见："宫室制度宏丽，不异人间。"陵区范围之大，陪葬墓之多，都是历史上独一无二的。

除置于北陵左右的"六骏"浮雕之外，还有14具诸蕃君长像圆雕，都是唐太宗于贞观年间擒俘、归化的一些国家与部族首领。据后世目击者称"诸石像高八九尺，逾常形，座高三尺许，或兜鍪戎服，或冠裳绂冕，极为伟观"。又有人说："拱立于享殿之前，皆深眼大鼻，弓刀杂佩。"这是用来夸耀武功的，也多少含了羞辱别国之意，现已不存。

所谓六骏是唐太宗李世民在征战中先后乘骑过的六匹骏马，为了追念曾经与自己生死与共的这些生灵，他特命匠人把它们制成石屏式的浮雕，并亲自撰词，由大书法家欧阳询书写、刻石。

六骏的雕造，充分发挥了浮雕艺术形式的表现力，有近乎圆雕的强大的体积感，作者处理轮廓、块面关系的变化，巧妙而纯熟地运用流畅的弧线和挺劲的直线，并以曲直相辅，刚柔相济，表现出了骏马劲健的体质与充沛的活力。

第五章 石窟造像——技艺高超的隋唐雕塑文明

第六章

三彩釉色
——色彩艳丽的陶瓷艺术文明

中国陶瓷自创烧以来,到盛世大唐时已走过数千年。其胎体造型,从早期的稚拙抽象到后来的精雅逼真,日益走向成熟。唐代,色彩多样、色泽纯正的唐三彩,以它绚烂多姿的釉色将中国陶瓷艺术推向了高峰。

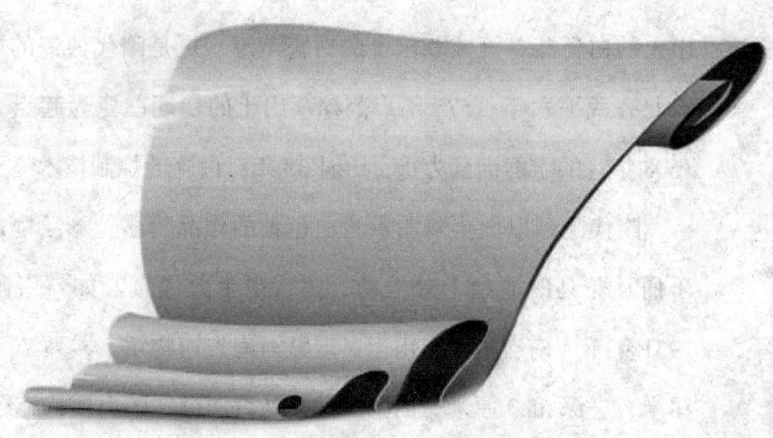

隋代的白釉瓷器

白瓷虽然在北朝时期已开始出现，但真正烧制成功则在隋代。1959年，在河南安阳发现隋开皇十五年（595年）张盛墓，出土了一批白瓷。这批白瓷虽然还带有白中泛青的特征，但较之北齐武平六年（575年）范粹墓出土的白瓷要好得多，胎釉中的含铁量较前减少，烧成温度有所提高，施釉技术也有改进，器物的白度与硬度比范粹墓白瓷也有提高。瓷器的造型丰富，可以看出在器物成型技术也有明显提高。西安郊区晚于张盛墓十余年的隋大业四年（608年）李静训墓出土的瓷器中，有青瓷也有白瓷。白瓷胎洁白，釉面光润，胎釉已经完全看不到白中闪黄或白中泛青的痕迹，已无可怀疑地应称作白瓷了。这批白瓷中，尤以龙柄双莲瓶和龙柄鸡首壶为最佳。双莲瓶的造型奇特，制作精致。龙柄鸡首壶虽是魏晋南北朝以来青瓷的传统器型，但却换上了白色的"新装"。西安郭家滩隋大业元年（605年）墓出土的白瓷瓶，姬威墓出土的白瓷盖罐，更是隋代白瓷的成功佳作。如果以北齐武平六年（575年）范粹墓出土的初期白瓷为起点，到隋大业四年（608年）的李静训墓为止，历时33年，白瓷的烧制技术终于成熟。

隋代陶器以白土陶胎敷青白色釉的作品为多，彩绘陶已很普遍，男女乐俑及驼马的造型十分生动，建筑也十分逼真。如"安阳窑彩绘陶房"，1931年于河南省洛阳市出土，现藏河南省博物馆。器高76厘米，面阔53.3厘米，进深65.3厘米。面阔三间，九脊翠檐，歇山顶，施红、黄、蓝彩绘。

正面明间辟门，次间开直棂窗，窗上有对称的木刻佛像，跏趺坐于菩提树下。其他三面为实榻大门，门扉上均有门钉、铺首和鱼形拉手。有檐柱、角柱、斗拱，楣上置阑额、挑拱以承房顶。房顶正脊两端置鸱尾，垂脊与敛脊前端饰虎头。房顶有叠瓦脊。此房为佛教殿堂，与日本同时代的法隆寺金堂大殿、五重塔等建筑相似，反映了隋代建筑的风貌，也是中日文化交流的物证。

1982年5月，继唐代邢窑窑址发现以后，又在内丘与临城交界处的贾村发现了隋代白瓷窑址一处，所烧白瓷既有灰白色胎上施化妆土的白瓷，也有不施化妆土的非常精致的白瓷。烧制的碗均为深腹、直壁、平底，与北方隋墓中出土的白瓷碗相同。隋代白瓷窑址在唐代邢窑范围内发现，证明在唐邢窑白瓷尚未出现以前，白瓷在这一地区已经发展起来。贾村隋代白瓷窑址的发现，不仅填补了陶瓷考古隋代白瓷瓷窑的空白，证明了隋代的白瓷烧制技术已趋完善，而且为判断出土隋代白瓷的窑口问题提供了实物依据。

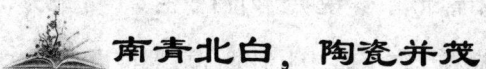
南青北白，陶瓷并茂

唐代陶瓷在隋代青、白瓷成熟的基础上进一步发展，出现了"南青北白"的局面。同时还烧出成熟的黑、黄、花瓷。最引人注目的是创烧出中外闻名的唐三彩和釉下彩。《陶录》上说"陶至唐而盛，始有窑名"，一些制瓷中心逐渐形成名窑，如越窑青瓷（秘色瓷）、邢窑白瓷、长沙铜官窑釉下

彩绘等。由于海、陆丝路的进一步畅通，促进了陶瓷大量出口，对世界陶瓷产生了非常深远的影响。

唐代青瓷是唐代陶瓷的主流，窑址遍布南北，其中南方越窑青瓷最有名，最有代表性，主要分布于对外贸易港口明州（宁波）附近，窑场林立，大量生产，大量出口，唐、五代、北宋时盛行。越窑青瓷胎骨较薄，施釉均匀，青釉莹润，多作茶具，这与当时饮茶之风盛行有关，陆羽《茶经》评品当时各地瓷器茶具时说"越州上""类玉""类冰"。越窑青瓷除出口外，还供宫廷使用，朝廷设官督造，从此开历代官窑之先河，因此越窑青瓷又叫"秘色瓷"。器形有罐、壶、瓶、杯、碗等。壶多为短嘴长柄壶，有的还受波斯萨珊银器影响，出现凤头壶、扁壶。例如，故宫收藏的青釉凤头龙柄壶就受波斯影响，造型别致，装饰繁缛，艺术水平很高。瓶有双龙耳瓶，是唐代特有的。杯也受外来影响，表现在高足和小环耳上。装饰纹样有狮子、鸾凤、鹦鹉、鸳鸯、龙水、双鱼、牡丹、莲花、卷草及人物、山水等。装饰手法有刻花、划花、印花、堆贴等，以线造形，圆熟流畅。唐代前期风格简朴，多为素面，后期逐渐变得华丽。

唐代青瓷除越窑系统外，还有浙江的瓯窑、婺州窑，湖南的岳州窑，江西的洪州窑等。此外，福建、广东、四川也有青瓷生产。

唐代陶瓷"南青北白"，说明当时白瓷主要产于北方，河北、河南、山西、陕西、山东都有生产，而其中河北临城邢窑最有名，与南方越窑并称。邢窑白瓷生产始于初唐，开元、贞元时普及全国，"天下无贵贱通用之"（《国史补》）。陆羽《茶经》说它"类银""类雪"，胎上挂白化妆土，然后再上白透明釉，釉色白中闪黄。器内满釉，器外半釉，釉不到足，自然垂流。唐后期改为施全釉，体薄釉润，胎釉皆白，光洁纯净。器形朴素大方，不施纹样，有罐、壶、瓶、碗、盘、枕、烛台、玩具等，底多为平底和宽边玉璧底。唐代瓷器生产除了青瓷与白瓷之外，还有"釉下彩"瓷与"花瓷等新品种，"三彩陶器"也是唐代制瓷工艺成就的重要组成部分。

"釉下彩"是唐代制瓷工艺的新成就之一。唐代越窑青瓷采用刻划花装饰的同时，浙江临安唐水邱氏墓出土的越窑青瓷即采用褐色釉下彩绘装饰。然而越窑的釉下褐彩并没有发展起来，北方邢窑也仍然采用刻划花装饰，唯独湖南的长沙窑发展了釉下彩。釉下彩的运用，为瓷器装饰开辟了一条新的途径。长沙窑初期采用模印贴花装饰，为了突出它的效果，往往又在贴花上再施褐色彩斑，然后施青釉。这种釉下彩的褐色水渍斑在元和三年双系罐一类器物上以及模印贴花壶就已普遍使用。

"花瓷"的出现，是唐代陶瓷工艺又一大成就。所谓"花瓷"，是指一种黑釉带乳白色或乳白中呈现针状蓝色斑的瓷器，器形主要有壶、罐、拍鼓等，故宫博物院藏唐黑釉斑点纹拍鼓是它的代表作，这种瓷器曾经在古董市场出现并称它为"唐钧"。新中国成立以来在河南郑州、泌阳、郏县等地的唐代墓中出土较多，因此推测它的窑址可能就在河南这些地区。

关于它的产地，根据唐人南卓《羯鼓录》"不是青州石末，即是鲁山花瓷，……撚小碧上掌下须用明肯之声……且操用石末花瓷，因是腰鼓……"的记载，可知它的产地在河南鲁山。1977年故宫博物院第3次派人赴鲁山调查，终于在鲁山段店窑址中，发现黑釉斑点纹腰鼓的残片多件，与故宫博物院所藏腰鼓完全相同。证实了南卓《羯鼓录》记载的可信度，而且得知烧"花瓷"的窑址除了郏县黄道窑、鲁山段店窑外，还有禹县的上白峪窑。腰鼓残片在上白峪窑也有发现。

陶瓷巅峰之作：唐三彩

唐三彩是一种盛行于唐代的低温铅釉陶器，以黄、褐、绿为基本釉色，在色釉中加入不同的金属氧化物，经过焙烧，便形成浅黄、赭黄、浅绿、深绿、天蓝、褐红、茄紫等多种色彩。后来，人们习惯地把这类陶器称为"唐三彩"。唐代是中国封建社会的鼎盛时期，唐三彩以色泽精美艳丽、造型生动逼真和富有生活气息而著称于世，生产历史达1300多年。

唐三彩的胎体是用白色的黏土制成，制作工艺十分复杂。开采来的矿土首先要经过挑选、舂捣、淘洗、沉淀、晾干后，用模具作成胎，然后入窑烧制。唐三彩的烧制采用的是二次烧成法。陶胎先入窑内经过1000℃—1100℃的素烧，将焙烧过的素胎经过冷却，再施以配制好的各种釉料入窑釉烧，其烧成温度为850℃—950℃。在釉色上，利用各种氧化金属为呈色剂，在煅烧过程中发生的化学变化，使其斑驳淋漓、互相浸润、花纹流畅、色彩自然协调，色釉浓淡变化，在各种色彩的相互辉映中，显出堂皇富丽的艺术魅力，是一种具有中国独特风格的传统工艺品。唐三彩主要作为明器用于随葬，因为它的胎质松脆，防水性能差，实用性远不如当时已经出现的青瓷和白瓷。

唐三彩器物形体圆润、饱满，与唐代艺术的丰满、健美的特征是一致的。唐三彩的特点可以归纳为两个方面：首先是造型，器型丰富多彩，有人物俑、动物俑、建筑模型和生活器皿等，其中尤以动物居多，而动物又以马和骆驼为最,其中有许多极为优秀的艺术珍品。其中马的造型与一般工艺品的造型有所区别,与其他时代出土的马的形象也有所不同。首先它的造型普遍比较肥硕,所以和我们现在看到的马的形状有点不同,马的臀部一般都比较肥,颈部比较宽。唐代马的造型以静为主,但是静中带动,通过眼和耳朵等部位的刻画,来表现唐马的内在精神和韵律。

　　唐三彩的人物和动物形象形态自然,线条流畅,比例适度,鲜活生动。在人物俑中,武士怒目圆睁、剑拔弩张、肌肉发达;女俑则高髻广袖、娴雅悠然、形体丰满。唐右卫大将军墓中曾出土一件骆驼载乐俑,这匹骆驼通体棕黄色,昂首伫立,从头顶到颈

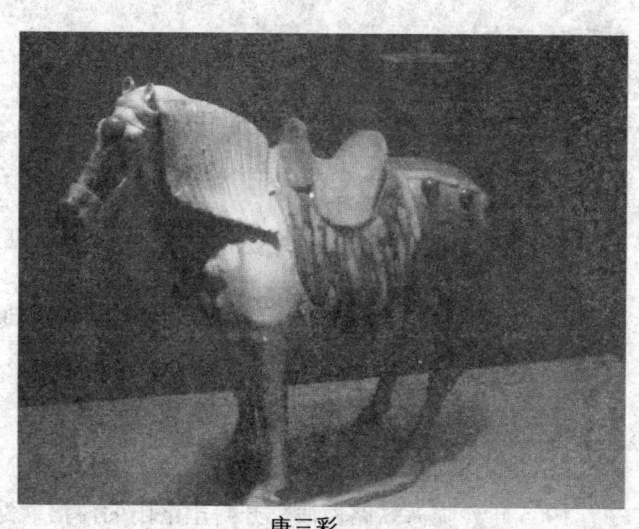

唐三彩

部,柔丽长毛从下颌延伸到腹间以及两前肢上部。骆驼背上架有平台且铺着毛毯,平台上左右各背对背坐着吹打乐器的胡乐俑二人,中央有一俑翩翩起舞。三个乐俑皆络腮胡须,深目高鼻,身着绿色长衣、白色毡靴,前面一人穿黄色通肩大衣。此件骆驼载乐舞俑工艺精美绝伦,有着很高的艺术价值。唐三彩产于西安、洛阳等地,是陆上和海上丝绸古道的联接点。唐代古丝绸之路的主要交通工具是骆驼,所以唐三彩中经常出现骆驼的形象,它们形态高大、神情坚毅,寄托了人和骆驼之间一种特殊的亲密感情。

　　唐三彩的另外一个特点是釉色。在一件器物上同时使用红、绿、白三种釉色,属唐代首创。同时,工匠们又巧妙地运用交错施釉的方法,使红、绿、白三色相互错落,再经过高温烧制,釉色又交汇融流形成独特的工艺

效果。出窑以后，原本的三彩已经变成了很多的色彩，不但有原色还有复色，斑驳淋漓地呈现在人们眼前，形成了唐三彩釉色的特点。

唐三彩的生产在初唐、盛唐时达到高峰。初唐就输出国外，以它斑斓釉彩，鲜丽明亮的光泽，优美的造型著称于世，深受异国人民的喜爱。安史之乱后，唐王朝逐渐衰弱，加之瓷器的迅速发展，三彩陶器的制作也逐步衰退。后来虽出现了"辽三彩""金三彩"等，但在质量、数量以及艺术成就方面，都已经远远不及唐三彩。

 唐三彩文明溯源

1905年，陇海铁路西段，开封至洛阳的汴洛铁路开始修筑，铁路修至洛阳城北的邙山时，发现了不少古代的墓葬，在大批的唐代墓葬中，出土了为数可观的各种随葬物品，其中就包括大量的唐三彩。

因为在此之前，人们对唐三彩一无所知，所以这些早期出土的唐三彩遭到冷遇。许多人因为它的随葬品身份避而远之，或将之击碎，或听任其流失。这些唐三彩被古董商运到北京市场，往往被外国人收藏，不少精品至今流散在国外。最早关注唐三彩的国内学者有王国维、罗振玉等人，由于他们的重视和研究，国人才开始认识唐三彩的价值。

在此之后，洛阳地区不断有唐三彩出土。邙山以外的地区也陆续出土唐三彩，如洛阳市南的关林、龙门和洛阳市西的谷水一带，都有出土，其中，洛阳市内出土唐三彩的地点就多达20处以上，所出三彩数量至少有

500件。洛阳龙门的安菩墓，一次就出土三彩制品100多件。巩义市芝田镇，发掘了60多座唐墓，出土了1000多件三彩制品。

　　唐三彩的盛行，有着深刻的历史背景和社会原因。唐代是我国历史上最为强盛的朝代之一，它处在当时世界文明的中心，唐都长安是当时的世界性大都市。唐初至开元前期，政治相对稳定，经济空前繁荣，文化艺术昌盛，国力的强大促使了各方面的发展，陶瓷业也随之取得了巨大的成就，唐三彩的出现就是这个时代的产物。

　　从技术角度分析，早在秦代，兵马俑的出现已经为人物俑和动物俑的雕塑和烧制作了工艺上的准备；到了汉代，釉陶中更有不少造型端庄大方、釉层清澈透明、釉面光彩照人的绿釉器皿和动物俑。单色釉技术经过几个世纪的发展，已经孕育了新的突破。这样，从塑造、烧制、配釉技术的逐步成熟，已经为唐三彩的出现做了最好的铺垫。

　　同时，唐代经济的发展，也进一步导致了上层生活走向奢侈和豪华。这种追求奢华、讲究排场的社会风气，不仅反映在贵族豪门生前的奢侈、豪华的生活方式上，而且反映在自上而下的厚葬风气，上自王室成员，下至士大夫阶层乃至平民百姓，都流行以唐三彩陶器陪葬的习俗。这种厚葬之风，使唐三彩的烧造有了极大的社会需求，从而使唐三彩的数量剧增和质量不断提高。以至出现了一个墓葬出土几百件唐三彩的情况。

　　另外，由于唐代的对外开放和贸易的发展，唐三彩陶器有着十分广阔的海外市场。至公元9世纪，唐三彩陶器开始向外输出。由于政治经济的发达，致使各国商贾有的漂洋过海，有的沿着"丝绸之路"来到长安、洛阳和扬州等地，把包括唐三彩在内的商品运回自己国家。根据外国考古发掘资料，在不少国家的许多地方已发现了唐三彩的踪迹。在朝鲜半岛和日本就有大量唐三彩陶器发现，尤其是日本奈良的大安寺遗址、福冈县遗址等发现了唐三彩壶、瓶、罐、枕等不同造型的器物和陶片。而亚洲的伊拉克巴

格达北面的萨马拉和伊朗的内沙布尔等地，非洲的埃及开罗南郊的福斯特等处也发现了唐三彩器物和陶片，可见唐三彩的影响范围之广。

唐三彩从唐初开始制作，其间经历了初创走向成熟时期、高峰时期和衰退时期三个历史阶段，这三个阶段与通常划分的唐代三个重要历史时期即初唐、盛唐、晚唐大致相同。

公元7世纪初到8世纪即武德年间至武则天执政以前，是唐三彩在唐代漫长烧造过程中的初创时期。此时的产品多为单一色釉而不是色彩斑斓的三彩陶器，品种较为单一。这个时期的产品以陕西礼泉县唐太宗时代的名将张士贵墓出土的釉陶器和郑仁泰墓出土的彩绘釉陶器为代表。但这两墓出土的陶器还不能算是典型的唐三彩陶器，当然，这时期唐三彩肯定已经开始烧造了。

第二阶段为武则天执政到唐玄宗统治时期，即公元8世纪初到8世纪中叶，这一阶段包括了开元天宝和整个盛唐时代。随着唐朝国力的强盛，唐三彩陶器也随之进入鼎盛时期。因为经济的发展，厚葬之风盛行，无论皇亲国戚、文武大臣还是平民百姓，都有唐三彩陪葬。现今所见的唐三彩陶器，大都出于这一时期，其烧制数量之多，质量之精，代表了唐三彩烧造的最高水平。

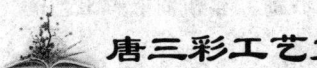 **唐三彩工艺文明**

唐三彩的制作大约可分为以下六个步骤。

一是制胎工艺。三彩所用胎质多为白色黏土，即用北方坩土作胎，也有少数用红陶胎。这一步非常重要，直接影响着三彩器的质量，如果陶土淘洗不干净，在器物表面就会有凹凸不平的斑丘，入窑烧制时容易起泡乃至爆裂。

二是成型工艺。基本成型法有三种：轮制、模制、捏塑。可按器形的复杂程度，单用或者结合使用。通常轮制用于器皿，模制用于简单的小件三彩器和三彩俑，捏塑用于小型三彩玩具。

三是施釉工艺。成型坯胎晾干后先入窑素烧至1000℃左右取出，然后再上釉挂彩，二次入窑烧至900℃即可。三彩釉是由坩土、石英、草木灰和铅的氧化物配成的一种透明釉。这种铅料，不加呈色剂就是白釉，掺入适量的氧化铜就烧成绿色；掺入氧化铁就呈现褐色、黄色；掺入氧化钴就呈现蓝色，这些是三彩釉的基本色调。在此基础上，工匠们还可以配出多种色调。施釉方法归纳起来也有三种：分区施釉法、点染施釉法和加彩施釉法。

四是开相工艺。唐三彩人物俑头部多不施釉，因此，器物烧成后，为了增强人物形象的质感，在人物面部再涂一层白粉，然后在唇部和面颊施朱加红，足部也会再用墨色涂画鞋靴。

五是装饰工艺。即用雕塑与釉色相结合的方法，以刻花、印花、贴花、塑花等方法，施加宝相花纹、蔓草纹、荷叶、莲花、灵芝、流苏、鱼子、铺

127

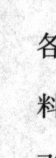

首、人物、动物等装饰件，并用釉汁点描、斑描、涂绘、绞胎的方法，做出各种动物、禽鸟以及织锦、夹缬、珍珠地、斑点纹、条带纹、木纹等。将釉料与色剂混合绘制的图案花纹，称为釉花。釉花的出现，是陶瓷史上的一次飞跃，促使了后来景德镇瓷器釉上彩和釉下彩工艺的完成，其中蓝彩的运用又是元明青花瓷的先驱。

六是绞胎工艺。绞胎器的成型工艺包括绞胎和绞釉两种。

上述工艺历经了由粗到精的发展过程。最早出现的是汉代的低温铅釉陶工艺。沈从文先生在《中国古代陶瓷》一文中介绍了四类汉代的日用釉陶，以证明"陶器上釉至迟到西汉末年，就已经成为一种正常的生产"。中经魏晋南北朝，南朝流行瓷器，而北朝却进一步改进陶器工艺，推动低温釉陶生产。在北齐范粹墓、李云墓、娄睿墓出土的二彩器，已经接近唐三彩的制作方法和施釉工艺了。

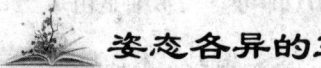

姿态各异的三彩马俑

从造型上，唐三彩一般可以分为动物、生活用具和人物三大类，而其中以动物居多，这和当时的时代背景有关。在我国古代，马是人们重要的交通工具之一，战场上需要马，农民耕田需要马，交通运输也需要马，所以唐三彩出土的马比较多。其次就是骆驼比较多，这可能和当时中外贸易有关，骆驼是长途跋涉的交通工具之一，且丝绸之路沿途需要骆驼作为交通工具。所以说，匠人们把它反映在工艺品上。而人物中，宫廷侍女居多，反映了当时的宫廷生活。

其中，三彩马从造型看，大致可以划分为五类。

一是奔马俑。如腾空奔马俑，1966年西安出土，现藏西安市文物管理处。唐代三彩雕塑者抓住了奔马四蹄腾空一瞬间的景象，塑造了一匹极具动感的三彩马，有着十分强烈的视觉效果，让人回味无穷。奔马俑在出土彩绘陶器中屡有发现，但在出土唐三彩中却极为罕见。据现有资料显示，国内馆藏三彩器中挂蓝釉腾空骑马俑仅此一件，国外尚未发现有类似的三彩马俑。

二是提腿马俑。唐三彩提腿马俑通常是三蹄落地，右前蹄抬起。出土的挂蓝釉三彩马的构思非常精妙，三蹄踏于三角形底板之上，前腿直，后腿弓，右前腿略微抬起，腿部肌肉突显矫健。唐代匠师抓住了马的特点，塑造了一匹栩栩如生、异常健美的战马形象。

三是马上人俑。马上人俑是唐三彩马中的重要品种。三彩马上人俑的坐骑一般都采用立姿，而马上人则多姿多彩，既有狩猎射箭者，又有打马球者；既有胡人，也有汉人；既有男人，也有女人。马上胡人通常都是深目高鼻，络腮胡子，面容粗犷，肌肉发达，反映出强悍豪放之气。马上女俑则婀娜多姿，衣着华丽，发髻高耸，体态丰腴，英姿飒爽。

四是马拉车俑。在三彩马俑中，马拉车俑较罕见。拉车马体形虽然不大，但造型格外逼真。马头高昂，双目圆睁，仰天长啸，同时马尾上翘，富有生气，使一件静态的作品突显动感。

五是立马俑。立马俑是唐三彩中最常见的品种，即四腿直立于长方形底板之上的三彩马，但三彩立马中也不乏精品。如1959年出土于陕西西安市的立马俑，高40厘米，通体呈白色，伸颈低头，装饰工艺极为精湛，任何细部都处理得一丝不苟，比如梳理整齐的马鬃，杏叶形的饰片和鞍上的绿边饰等，无一不是如此。

马是唐代文化艺术中最常见的题材。三彩马形体硕大、构造复杂,无法使用普通手工拉坯法来完成,所以多用模制法成型。虽然是合模制作,但所有三彩马都各具特点,几乎找不出完全一样的三彩马来。从现存三彩马可以看出,唐代三彩匠师们不仅对马的外貌特点十分熟悉,而且对马的神态、秉性也有深入的了解。因此,塑造起来得心应手。他们不仅使三彩马在外形上做到了十分逼真,而且充分发挥了艺术想象力,恰当地运用了艺术夸张的手法,使马的内在精神表现得淋漓尽致。

马上人俑

扩展阅读　风格独特的辽三彩

辽是契丹民族于公元906年在我国北方建立的一个强大的政权,创造了富有民族特色的灿烂文化,在我国陶器史上占有很重要的地位。由于这个时期生产的低温釉陶器继承了唐三彩的传统,故又被称为"辽三彩"。辽三彩受唐三彩影响很大，主要产地是辽宁省林东镇南山窑、辽阳的江官屯窑和内蒙古赤峰的缸瓦窑。辽三彩多用黄、绿、白三色釉。根据出土物来看，一般白釉和绿釉微闪黄，由于大多器物施釉薄，以致釉层易脱落，除了少量精品之外，底足一般不上釉。其胎质细软，多呈淡红色，也有少量胎质呈淡黄色，陶坯施彩釉前挂化妆土。器型多为日常生活用具，如穿带壶、方碟、海棠花式长盘、鸡冠壶、筒式瓶、印花暖盘等，富有契丹民族的风格，也是区别辽三彩的重要依据。其中，赤峰缸瓦窑烧造量相对大一些，所烧制品胎质细软，胎体呈淡红色，釉色娇艳光洁，可与唐三彩媲美。装饰手法有印花、划花和贴花。一般盘、碟等多采用印花，琢器采用划花。纹饰以牡丹花为主，也有一些鱼纹、花草纹、水纹等。辽三彩与唐三彩的区别除器型、胎土、装饰不同外，还有无蓝色、施釉不交融、釉面少流淌、釉色变化少等特点，不如唐三彩施釉洒脱，绚丽多彩。

  辽三彩最早什么时候开始烧制，目前尚无确切证据可考，但从有确切年代的墓葬出土的器物中发现，辽穆宗应历年（951—969年）以前就已经出现了黄、绿单色釉陶器，可以推断这时已经有三彩陶器。辽三彩在承袭了唐三彩传统手法的基础上，有自己的发展特点，在我国陶瓷发展史上具有一定地位。

第七章

盛唐画风
——气势恢宏的绘画文明

中国隋唐时代的绘画艺术随着社会经济文化的繁荣，在题材、内容和表现手法等方面，均取得了很高的成就，并成为中国绘画史上的高峰。

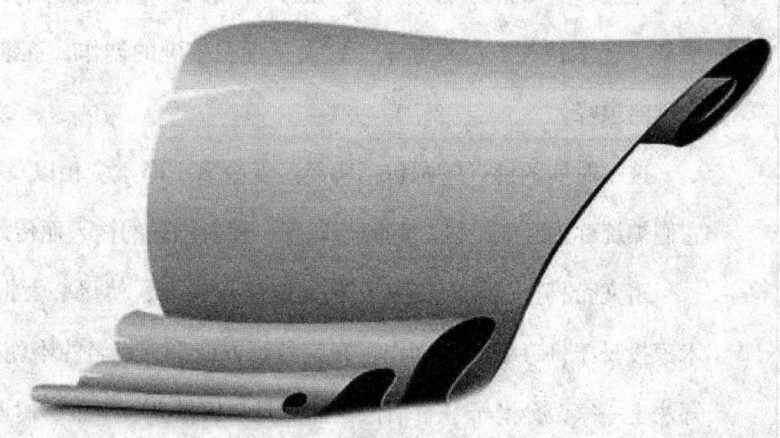

经变画艺术文明

经变画是用画像来解释某部佛经思想内容的绘画。即经变，也称变或变相。凡依据佛经绘制之画，皆可称为"变"。

经变画纯粹是社会安定、生活富足的时代由中国人自己创造出来的。当隋王朝统一天下后，南北朝分裂割据的局面得以结束，中华文明在唐帝国的开拓下进入了一个辉煌的盛世，人们对佛教的信仰达到前所未有的鼎盛。为了加快推广各种深奥的佛教理论，经变画应运而生。经变画内容丰富，形式多样，万花筒般的社会生活，可以从中得到反映，艺术家之奇思可以在此领域内驰骋纵横，人们之愿望借以得到升华。经变画为学术研究所提供之材料，范围广、方面多，是一份珍贵的文化遗产。

隋唐两代，在帝王的大力倡导下，佛教得以更为广泛地传播，佛寺被大量建造，装饰竞为藻绘。大一统的政治局面，使南北佛学交流、融合更为便利。艺术精英被汇聚起来，致力于寺院壁画的创作，逐渐将这一艺术形式推向顶峰。

这一时期的佛寺壁画包括佛经经变故事，净土变相以及菩萨像等题材，它们被统称为经变绘画，起源于印度，随着佛教的输入而传入中国。

隋文帝杨坚、隋炀帝杨广都大肆修建佛寺，使得一大批杰出的绘画艺术家投身于佛寺壁画的创作，在宗教画方面享有盛名的隋朝画家有展子虔、郑法士一家、孙尚子、董伯仁、杨契丹、田僧亮、李雅、尉迟跋质那等。上都的定水寺崇圣寺、海觉寺、光明寺，东都龙兴寺等著名寺院都曾有展子虔所绘壁画，他以绘制法华变而擅名。法华变是有关法华经的经变故事，作为中国佛教史上第一个宗派——天台宗的经典，法华经被宫廷画家展子虔用绘画形式大量表现，显然是奉了皇家旨意的，且具有开创性意义。现存敦煌420窟的隋代壁画中的法华变，全部经文按情节连续展现在数层长幅中，表现出细密精致而臻丽的风格。

董伯仁是与展子虔齐名的隋朝画家，他所画的楼台人物旷绝古今，而更在其大型的弥勒变中融入他所擅长的楼台人物，组成富有现实生活气息的画面，开启了唐代弥勒经变的端倪。

初唐时期，太宗李世民也利用佛教作为其政治统治的工具，恢复和兴建了许多佛寺。贞观三年（629年），李世民为报"母恩"，舍通义宫为尼寺，还多次下诏普度僧尼。这时寺院共3716所，太子李治为其母文德皇后建大慈恩寺，为了便于玄奘译经，另造翻经院，建筑非常宏阔，并集中了当时名家所绘壁画。

初唐的大型经变在题材、样式上继承前代，但规模、技艺却大大超过了以往。敦煌初唐的净土变，如药师琉璃光如来本愿功德经变、维摩诘经变、涅槃经变、大云经变等都表示出这种壮丽而精致的风格。在这一时期也出现了一些新的经变题材，如地狱变、义殊、普贤、千钵文殊等，地狱变为张孝师所创，后被吴道子发扬光大。尉迟飞僧的千钵文殊开创了密宗图像的体例。

唐玄宗李隆基所处的盛唐时期，国力更趋鼎盛，他更是大肆佞佛，不仅倾全国之资财修造寺院，而且将画师的全部智慧都集中于寺观雕饰藻绘上。许多画家在这上面耗费了毕生的精力，创造了大量惊心动魄的长篇巨制。

盛唐时期的经变种类更为繁多，如西方变、药师变、弥勒下生经变等

第七章 盛唐画风——气势恢宏的绘画文明

135

多达二十种，甚至渗透于道教领域。道教的龙虎君明真经变、玄元真、天师真等也是反复描绘的题材。画于东部洛阳弘道观的《东封图》是当时最著名的画家吴道子、韦无忝、陈闳的手笔，全图表现的是唐玄宗李隆基泰山封禅归来，车驾经过上党金桥时的景象。吴道子一生绘制寺观壁画三百多幅，其中变相人物，奇纵异状，无有同者。他十分重视题材和艺术技法的创新，其地狱变，无牛头、马面、剑林、狱府等狰狞事物，依靠整幅画面构成阴森气氛，变状阴怪的形象，产生撼人心魄的力量。经变壁画自汉代传入我国，在魏晋南北朝奠定了其艺术技巧及理论基础，经隋唐两代无数优秀画家潜心创作，到吴道子手上达到了其艺术顶峰，成为中华民族值得珍视的艺术瑰宝。

辉煌的初唐壁画

初唐壁画（589—709年）突出表现了当时的仪仗出行、狩猎活动、宫廷生活和日常家居生活的各种场面。皇室成员的墓葬中，除常见的青龙、白虎外，还绘制了规模浩大、场面壮观的狩猎出行、仪仗出行等场面；文武官吏的墓葬中除绘青龙，白虎外，还有出游，各骑出行以及牛车、马、骆驼为主体的仪仗队，此外，还有礼宾、马球等图像；柱、枋、斗拱和楼阁等建筑画面都绘有仪仗、戟架、驯豹、架鹰、架鹞，牵驼等等，有的还绘有男侍、女侍、步辇和杂役等画面，也有的画面有手持各种生活用品、棋类和乐器的男女侍从，还有宴享行乐图、庭院行乐、宗教活动以及农牧生产场面等等。所有这些画面中都从不同侧面反映了初唐时期的社会景象，场面壮阔宏大，欣欣向荣。

狩猎出行是初唐壁画中十分盛行的题材，反映了封建统治者尚好狩猎。唐太宗时期的阎立本、武则

初唐壁画

天时期的曹元廓都工画骑猎人物山水。但大都失传。李寿墓、章怀太子墓的狩猎出行壁画，可补画史之缺。

仪仗出行也是这一时期壁画的重要题材，对照文献记载可进一步了解到唐代仪卫制度。如李寿墓壁画中的出行仪仗、永泰公主墓壁画中的出行仪仗以及章怀太子墓壁画的出行仪仗都依照严格的等级仪式，生动地体现了唐代仪卫制度等级之森严。

戟架是唐初许多壁画中涉及的内容。从隋代开始制订了三品以上官员门列戟架的制度。唐代三品以上的官员列戟于公府门，也有列于私第的，以炫耀门第之荣盛。

马球运动是初唐许多行乐壁画上常画的题材。盛极一时的马球运动，为艺术家提供了生动的创作来源，章怀太子墓的马球图，是目前发现的反映唐代马球运动最精彩的一幅。

梦回隋唐——一本书读懂隋唐文明

 **隋唐山水画**

　　隋唐时期青绿山水画内容不是很多，却极其重要，山水画在晋以来的基础上继续发展，在画的方法上进一步丰富，就开始分成了青绿和水墨、疏体和密体，这一点，就奠定了宋完以后整个山水画的主要表现手法和初基。

　　李思训及其儿子李昭道继承了魏晋以来的山水画的技法，从而形成了中国山水画中的青绿山水画派。

　　李思训（651—716），出生于宗室之家。李思训学画较早，年轻时即享有盛名。他擅画山水楼阁、宴游仕女、花木走兽及佛道等，尤以金碧山水著称。李思训还是青绿山水的创始人。他的金碧山水意境隽永、线条遒劲、色泽明丽、典雅又富于装饰感的风格。他善于描绘宫殿建筑和自然山川的奇秀风貌，所绘物象皆能穷其形态神情；其画风精丽严整，以金碧青绿的浓重颜色作山水，细入毫发，独树一帜；在用笔方面，能曲折多变地勾画出丘壑的变化，法度严谨、意境高超、笔力刚劲、色彩繁复，展现出从小青绿到大青绿的山水画的发展与成熟的过程。它和同时期兴起的水墨山水画，都为五代和北宋时期的山水画奠定了基础。

　　李思训的作品大都散佚，现在仅见《江帆楼阁图》和《九成宫避暑图》。《江帆楼阁图》画面以俯瞰的视角描绘山林江景，设色以青绿为主，线条转折处用金粉突出，具有交相辉映的艺术效果。

138

李思训的青绿山水画对后世产生了很大影响，后人把他推为"北宗"或青绿山水画派之祖。

在唐代山水画中，"水墨山水画"的出现与勃兴把山水画艺术推向了一个新的高度，其中最有影响力的是王维的"泼墨山水"。

王维（701—761），字摩诘。他诗、书、画、音乐样样精通，但最擅长的是诗画。他画作中的水墨山水对后世的影响最大。

王维像

王维称得上是一位具有划时代意义的山水画家。他作青绿山水似李思训，作水墨山水近吴道子。同时他首创了泼墨山水，舍弃了以往山水画的浮华之气，仅用水墨渲染而成，把原先以勾线为主的山水画，向水墨发展推进了一步，并丰富了我国的绘画技巧。明朝董其昌说王维的山水画"一变勾斫之法为水墨渲染"，可见他对于山水画的发展所做出的贡献。由于他诗作得很好，吟咏自然，描写形象具体；画山水布局优美，又富于诗意，所以苏轼赞他"诗中有画，画中有诗"。王维的山水，并不单纯凭主观想像，而有丰富的生活依据。他晚年居住在辋川别墅，和朋友们观赏大自然。他的画能给人以真实的感觉，宋代的米芾引用张彦远评论他的画说："笔思纵横，参于造化"，决不是偶然的。

以王维之名传世的作品有《雪溪图》《江山雪霁图》《辋川图》，均为后人摹本。从其作品来看，他已运用了"皴法"和凹凸晕染法，用笔干湿浓淡，各有其妙处，别有一种萧疏淡远的"禅境"情趣。

王维观察事物非常仔细深刻，这也是他在绘画上取得突出成就的重要原因。据说有一天，他到朋友庾敬休家做客，看见墙壁上挂着一幅《按乐图》，这幅图描写吹奏音乐的场面。王维本来精通音乐，便欣赏起这幅画来。他看了又看，忽然笑了。旁边的人莫名其妙，问他笑什么。他说道："这幅画，画的正是吹奏《霓裳羽衣曲》第三段第一节的时候。"有人不相信，就找乐队来表演这首曲子，当演到那一节时，用画对照，果然，吹奏者的姿势、动作及表情完全和画中一样。

王维的绘画成就很高，他开启了唐代的水墨山水，并对后世文人画有着极为重大的影响。他一生把所有的感情尽情挥洒于山水之间，寄情于意，诗从胸发，画由意出，情景交融，诗画同工，曲意盎然，达到了诗画相融的最高境界。他曾写了一首诗来评价自己，他说："宿世谬词客，前身应画师。"就是说人们都错把我当作诗人，其实我的'前世'倒应该是画家呀。王维在中国山水画史上被尊崇为"南宗"之祖。

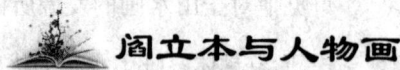

阎立本与人物画

阎立本作画取材广泛，如宗教人物、车马、山水，尤其善画人物肖像。所画宫女，曲眉丰颊，神采如生。用墨而有骨；设色奇特而有法。描法富于变化，有粗有细，有松有紧，用笔也较顾恺之细密精致，富有表现力，被誉为"丹青神化"而为"天下取则"，在绘画史上具有重要地位。

1. 画家生平

阎立本（601—673）是中国唐代画家兼工程学家。雍州万年（今陕西省西安临潼县）人，出身于贵族之家。他的父亲阎毗是北周时期的驸马，由于阎立本擅长工艺，心灵手巧，工篆隶书，尤为擅长绘画和建筑，隋文帝和隋炀帝都十分爱惜他的才艺。入隋之后官至朝散大夫、将作少监。他的哥哥阎立德也擅长书画、工艺及建筑工程。父子三人都以工艺、绘画驰名隋唐之际。

唐朝定鼎后，高祖李渊看重他的政治才干，在秦王李世民府中任库直，太宗贞观时任主爵郎中、刑部侍郎。高宗显庆元年（656年），哥哥阎立德去世，他被任命为工部尚书，总章元年（668年）擢升为右相，封博陵县男。当时姜恪以战功擢任左相，因而时人有"左相宣威沙漠，右相驰誉丹青"之说。

咸亨元年（670年）迁中书令，四年后去世。

2.《历代帝王图》

《历代帝王图》又称《古帝王图》，目前传世的为绢本，纵51.3厘米，横531厘米。画卷共画有自汉至隋十三位帝王的形象：汉昭帝刘弗陵，汉光武帝刘秀，魏文帝曹丕，吴主孙权，蜀主刘备，晋武帝司马炎，陈废帝陈伯宗，陈宣帝陈顼，陈后主陈叔宝，北周武帝宇文邕，隋文帝杨坚，隋炀帝杨广，加上侍者共四十六人。帝王均有榜书，有的还记述其在位年代及对佛道的态度。画家既注意到刻画作为封建统治者的共同特性和气质仪容，而又根据每个帝王的政治作为，不同的境遇命运，成功塑造了个性突出的典型历史人物形象，体现了作者对这些帝王的评议。

画家力图通过对各个帝王不同相貌表情的刻画，揭示出他们不同的内心世界、性格特征。那些开朝建代之君，在画家笔下都体现了"王者气度"和"伟丽仪范"；而那些昏庸或亡国之君，则呈现委琐庸腐之态。画家用画

笔评判历史，褒贬人物，扬善抑恶的态度十分鲜明。人物造型准确，用笔舒展，色彩凝重。此图经历代内府或个人收藏，清末落入汉奸梁鸿志之手，流失国外，目前藏于美国波士顿博物馆。

3.《步辇图》

《步辇图》是中国十大传世名画之一。图卷右半部分是在宫女簇拥下坐在步辇中的唐太宗，左侧三人前为典礼官，中为禄东赞，后为通译者。唐太宗的形象是全图焦点。作者煞费苦心地加以生动细致的刻画，画中的唐太宗面目俊朗，目光深邃，神情庄重，充分展露出一代明君的风范与威仪。画家为了更好地突现出太宗的至尊风度，巧妙地运用对比手法进行衬托表现。一是宫女们娇小、稚嫩的体态，以她们或执扇或抬辇，或侧或正，或趋或行的造型来映衬唐太宗的壮硕、深沉与凝定，是为反衬；二是以禄东赞的诚挚谦恭、持重有礼来衬托唐太宗的端肃平和、蔼然可亲之态，是为正衬。该图不设背景，结构上自右向左，由紧密而渐趋疏朗、重点突出，节奏鲜明。

4.作品风格

阎立本在艺术上继承南北朝的优秀传统，并加以吸收和发展。根据那些传为他所做作品所显示的、刚劲的铁线描，和前朝相比具有丰富的表现力，古雅的设色沉着而有变化，人物的精神状态有着细致的刻画，都超过了南北朝和隋的水平，因而被誉为"丹青神化"而为"天下取则"，在绘画史上具有重要地位。

知识链接

阎立本学画

阎立本酷爱绘画，年轻时就十分崇拜南朝画家张僧繇。

有次阎立本赴荆州，途经一个寺庙，据说有一幅张僧繇的壁画，于是连忙跑去欣赏。他兴冲冲地来到壁画前,却并未发现这幅画的特别之处,因此失落地回去了。

回到住处后,阎立本心有不甘。他认为能看到张僧繇的真迹十分难得,于是第二天他又去看画。他细心观察,并不停地思考,认为这幅画有可取之处。之后,他再次来到了壁画前,连一个细微之处也不放过。越看越钦佩,干脆搬来铺盖卷住在了这里。由于阎立本的认真观摩、体会,终于发现了张僧繇的绘画高妙之处,也使自己的绘画水平有了极大提高,终成一代名家。

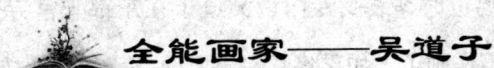
全能画家——吴道子

在中国古代艺术史上,有三位艺术家被称作"圣"人:一位是晋代王羲之,被称为书圣;一位是唐代杜甫,被称为诗圣;还有一位被誉为"画圣",那就是唐代的吴道子。

吴道子是河南阳翟(今河南禹州)人,自幼失去双亲,生活十分穷苦,迫于生计,他开始跟随民间画工和雕匠艺人学习绘画,因为他刻苦好学,且很有天分,20岁时,就已在当地小有名气。

709年,吴道子初入仕途,在中书侍郎韦嗣立手下做一个小官。吴道子酷嗜饮酒,每次作画时都会举杯豪饮。后来,他转任瑕丘县尉,大概在开元初年时辞官,定居于东都洛阳。

吴道子画艺精深,很快就名满洛阳画坛,不久后他被唐玄宗召到京师,

受任宫中画师，玄宗还下诏，没有皇帝的命令不许他擅自作画。

此后，没有皇帝的诏令，吴道子就不能作画。如此一来，他的创作大受束缚，但与此同时，他过上了优裕的生活，不用再四处流浪，可以在统治阶层发挥自己精湛的技艺。

吴道子大部分时间都在宫中作画，有时，他也随同玄宗到全国各地游玩。

有一次，他跟随玄宗到达东都洛阳，遇见了大将军裴旻和书法大家张旭，他与此二人各自施展才艺：裴旻擅长舞剑，立刻持剑起舞；张旭以草书见长，便肆意挥毫，作书于墙壁之上；吴道子以画闻名，高举画笔，一气呵成，作成一画。洛阳的文人墨客见此都惊羡不已，高兴地赞叹道："仅一天的时间，就目睹了三种绝技。"

裴旻的母亲离世时，裴旻专门请吴道子在东都天宫寺作鬼神画。吴道子说："我很久不作画了，如果将军一定要画，那就请你持剑起舞，这样或许能使激发我作画的灵感。"

裴旻听完，立即脱去丧服，拔剑起舞。剑在他的手中左右翻转，忽然被抛向高空，超出地面数十丈，继而又如电光般直射而下，而裴旻则从容自若地举起剑鞘，剑便不偏不倚地落入了鞘中。当时在场数以千计的围观者见到此景，都为他精绝的技艺惊叹欢呼。吴道子看完以后，灵感骤生，奋笔作画，一挥而就。

一次，玄宗令吴道子到四川游览蜀地山水，并要他打下初稿回宫作画。可吴道子从四川回来时，并没有带回任何画稿。玄宗知道后十分不悦，吴道子却胸有成竹地开始在殿上现场作画。他挥洒自如，酣畅淋漓，只用一天工夫就完成了。玄宗见此，赞叹不已。

在吴道子之前，以山水画见长的著名画家李思训也曾在殿上作蜀地山水画，尽管他的画也十分精绝，但却花费了几个月的时间才作成，可吴道子仅用一日便完成了画作。所以，玄宗称赞道："李思训数月之功，吴道玄一日之迹，皆极其妙也。"吴道子的画技之高深由此可见一斑。

725年，玄宗封禅泰山，吴道子随同前往。仪式结束后，回到山西长治时，玄宗一队车马在经过金桥时呈现出蜿蜒曲直的景象，十分壮观。于是玄宗立即召来吴道子、韦无忝和陈闳三人，让他们同心协力描绘一幅《金桥图》。

玄宗及所乘白马的绘制工作由陈闳承担，韦无忝专管狗马牛羊等动物的描画，桥梁山水等主体部分则由吴道子负责。《金桥图》完成后，被世人赞誉为"三绝"。

吴道子将一生的主要精力都用在宗教壁画的创制上，其创作的宗教壁画取材十分广泛。他曾在壁画里将菩萨像画成自己的形貌，这充分表明吴道子对神的世界有独到的认识，他能够突破宗教教规的约束，凭借想象任意发挥，可见，他不是站在"教徒"的立场作画，而是从画家的角度来看待宗教。

唐代，佛教和道教风行，宗教艺术也得益于此，迅速发展起来。这段时期内，吴道子的佛画艺术成就非凡。正因为吴道子在创作上不墨守成规、敢于标新立异，所以才能在绘画领域声名卓著。他的绘画作品被历代画家奉为典范，享有"吴家样"的美誉，足见后世画家对他的崇拜之深。

吴道子十分热爱绘画艺术，他一生所创制的壁画，仅在长安和洛阳两处就有三百多幅，根据后世记载。他所作的壁画总数达百壁以上。此外，在卷轴画方面，被历代著录的吴道子作品有《朱云析槛图》《明皇教授箓图》《十指钟馗图》《金桥图》《群驴图》和《天王送子图》等一百五十多幅，数量相当多。

吴道子在创作之外，还教授学徒，将其一身绝艺传于后世，使他的绘画

技艺得以传承。据《图绘宝鉴》和《历代名画记》记录，吴道子的徒弟很多，其中尤以卢稜伽、李生、张藏、韩虬、朱繇和翟琰等人最为有名。

吴道子的绘画艺术在绘画史上地位突出、影响深远、意义重大，他也以其卓越的成就，而被后世画家尊为"师祖""画圣"。

扩展阅读　韩干画马

韩干，京兆蓝田（今陕西西安）人，唐朝中期以画马出名的画家。他出生于贫困的家庭，据说少年时曾在卖酒之家当佣工。有一次，韩干送酒到王维家，恰巧王维不在家，韩干就利用等待的时间在地上画人和马。王维回来后看见韩干的画，认为他很有绘画才能，便鼓励他辞去工作以专心学习绘画，并且每年资助他两万钱的生活及学画费用。韩干获得王维知遇非常感激，便用心学画，刻苦自励。十多年后，韩干果然不负王维栽培，成为唐朝著名的一代人物、鞍马画家。

韩干画的马在当时产生过广泛的影响。与他同时的诗人杜甫赞扬"韩干画马，笔端有神"，并说他是"良工惆怅，落笔雄才"。而从《酉阳杂记》《历代名画记》和米芾的《画史》中的几则神话性的故事中，还可以看到一般人对他画马的推崇程度。韩干笔下的马虽然肥壮，却并不是墨猪。他在当时的御厩中和各名公巨卿宅内看到那些油光发亮的硕健丰肥的马后，用写实而略带夸张的笔调，把它们直接描绘下来。因此，韩干画马艺术风格的形成，是在写实的基础上几经提炼，然后又自出机杼地把马的典型特征突出地表现出来的结果。而他的画所以更胜曹霸和陈闳，大概是韩干更能突出表现唐代马的生动形象，因为肥马在唐代是极为普遍的。

韩干一生的作品非常多，流传下来的有《牧马图》《照夜白》等。《牧马图》画了一黑一白两匹马，一个武士骑在马上，马的形体真实生动，用细劲的线条勾出劲健的姿态，既续汉画的画风，又具唐代独有的雄浑气魄。武士倔强的性格与骏马的雄姿相呼应，使整个画面气势磅礴。"照夜白"是匹名马，它是唐朝皇帝玄宗李隆基特别喜爱的坐骑。从它的名称就可以知道，这是一匹浑身雪白的骏马。《照夜白》构图比较简单，一匹马和一根木桩。但是画幅却非常有气势。马被拴在木桩上，马首高高昂起，马的鬃毛飞扬，双耳直立，两目圆瞪，鼻孔张得大大的，咧着嘴在嘶叫，四只马蹄腾跃踢踏，十足一匹性子刚烈、志在千里的"千里驹"。韩干的画在绘画史上占有重要的地位。他不仅把自晋代史道硕以来的以马为题材的绘画加以丰富，同时更以他的杰出成果为后代留下了一份宝贵的文化遗产。

第八章

壮哉唐诗
——空前绝后的唐朝诗歌文明

隋唐是我国封建社会的繁荣时期,隋唐文学自然也是我国文学史中的辉煌时期,而唐代诗歌更是中国古代诗歌中的佼佼者。韩愈领导的古文运动、唐代传奇小说的出现对后世的文学影响十分深远。

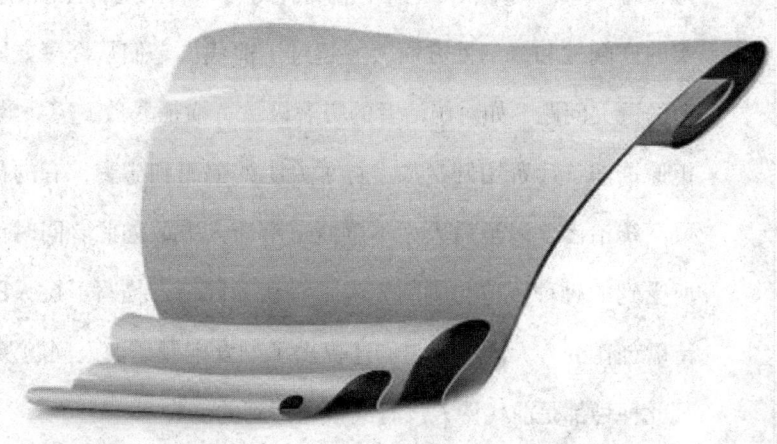

空前繁荣的唐诗

唐代是中国古代诗歌史上最繁荣、最辉煌的时期。据《全唐诗》及其有关补遗所载，现存诗有52000余首，作家2300多人。数量之多，作者之众，内容之广，风格流派之繁，体裁样式之全，均堪称空前。

从题材内容看，唐诗几乎深入到唐人生活的每个领域，大至国家兴衰，政治得失，社会动乱，战争胜负，民生疾苦，诸如盛唐时的对外用兵，盛唐至中唐转折时的安史之乱，以及人民在其间受到的征戍与诛求之苦，中晚唐的三大痼疾——宦官专权、藩镇割据、党争倾轧，无不写入诗中，号称"史诗"的作品，不计其数。小至琴技棋艺，书理画趣，虫鱼鸟兽，亦莫不入诗。至于那些描写自然田园，歌咏日常生活，抒发离情别绪，赞美建功立业，向往渔樵山林等传统题材，更多如雨后春笋。唐诗形式各异，有纪游体、寓言体、赋体、传记体、传奇体等等。特别值得注意的是唐诗在反映现实的广阔性和深刻性方面大大超过了前代。它们从许多方面接触到当时社会的重大问题，如对统治者的穷奢极欲、横征暴敛、穷兵黩武、腐败无能、拒谏饰非、斥贤用奸，都进行了大胆的揭露和谴责，有的甚至把矛头指向最高统治者，以至后人无不感慨道唯唐人方敢如此。同时他们对农夫织妇所受到的种种压迫与剥削充满了深切的同情，描写下层人民的生活已成为诗歌创作的一大内容。它们还提出了妇女问题、商人问题及其他社会问题。凡此种种都是前代诗人没有或很少写到的。

从风格流派看,更是百花齐放。仅就盛唐而言,"李翰林之飘逸,杜工部之沉郁,孟襄阳之清雅,王右丞之精致,储光羲之真率,王昌龄之声俊,高适、岑参之悲壮,李颀、常建之超凡,此盛唐之盛也"(高棅《唐诗品汇总序》)。其中,孟襄阳(浩然)、王右丞(维)等人,高适、岑参等人还被后人奉为田园诗派和边塞诗派的代表作家。在盛唐之后,还出现过以清丽精雅著称的卜才子体,以平易通俗著称的元白诗派(亦称长庆体),以奇警峭劲著称的韩孟诗派,以精深婉丽著称的温李诗派等。

具体而论,唐诗派别虽多;但总体而论,唐诗却有一个共同的特点:即能把充实的内容与饱满的感情,高度的写作技巧与纯熟的表现方式完美地结合起来。而这几个因素本是诗歌的基本因素,唐诗不但能兼而有之,且能将其炉火纯青地融为一体,故而能登上诗歌的顶峰。唐之前的诗并非没有充实的内容和饱

李白画像

满的感情,但苦于表现方法、艺术技巧尚不能像唐人那样随心所欲,作起诗来难免有些板滞拙涩,缺乏活泼流动的韵味与风情;唐之后的诗并非没有高度的写作技巧与纯熟的表现方式,但很多内容和感情早已被唐人表现得淋漓尽致,很难再有所创新,故而作起诗来难免或多从形式及人工安排上用力,或摆脱不掉因袭的成分,使诗歌在某种程度上丧失了应有的情韵。但唐诗则不同,历史的机遇使它处于一种最佳的处境。它一方面能保有充实内容和饱满感情,一方面又能在写作技巧上充分发挥自己的聪明才智,因而唐人几乎开口便能写出好诗,如"少小离家老大回,乡音无改鬓毛衰。

儿童相见不相识，笑问客从何处来？""葡萄美酒夜光杯，欲饮琵琶马上催。醉卧沙场君莫笑，古来征战几人回？""松下问童子，言师采药去。只在此山中，云深不知处。"感情真切，情趣盎然，仿佛一切皆从胸中流出，并非在有意为诗，但写出来的却是一派有如天籁的真情神韵，令人动容。

盛唐是唐诗的繁荣昌盛期。经过近百年的探索和准备，盛唐诗坛出现了百花齐放，美不胜收的繁盛局面。从内容上讲，此时的诗歌已得到了最充分的解放，唐诗所表现的种种内容，都在此时得到最集中的反映。从体裁上讲，这时的律诗已走向成熟，蔚为大观，七言歌行和绝句得到了最充分的发展，达到了诗歌史上的最高水平。从风格上讲，现实主义和浪漫主义两大流派在此时都得到了最充分的发展，而其代表人物杜甫、李白可谓登上了中国古典诗歌的两座高峰。其他如壮浪奔放的边塞诗派、优美清新的田园诗派也达到了极高的水平。

中唐是唐诗的繁衍期。此时的风格流派比盛唐更多：刘长卿、韦应物的山水诗，李益、卢纶的边塞诗，都在一定程度上继承了盛唐诗风；韩愈、孟郊有意发展杜诗雄奇的一面，形成了以横放杰出、排弄瘦硬为特点的韩孟诗派；李贺更融合楚辞、乐府和李白的浪漫色彩，独树诡丽瑰奇之一帜；刘禹锡、柳宗元或发思古之幽情，或借山水以抒幽愤，亦有独到的浑成清峻的特色。值得注意的是他们之中有些人在语言上刻意推敲，如韩愈、孟郊，有些人在意境上着意刻画，如李贺、柳宗元，有些人尤喜以议论或散文入诗，如韩愈，这都不但进一步丰富了"唐音"，而且也在一定程度上开启了"宋调"。

晚唐是唐诗逐渐衰落期。最初尚有李商隐、杜牧两位著名诗人，时称"小李杜"。他们的长篇五古《行次西郊作一百韵》《感怀诗》，题材重大，颇能继承老杜的同类作品。李商隐的七律和杜牧的七绝成就更高。李商隐在七律已被前人多方开掘，几乎难以为继的情况下，异军突起，独树一帜，他对语言、对仗、声律和典故,无不精心锤炼安排,形成了一种富艳精工和深于情韵的风格,成为唐诗灿烂的晚霞。尤其是几首表现爱情的《无题诗》,如云"春蚕到死丝方尽,蜡炬成灰泪始干""身无彩凤双飞翼,心有灵犀一点通",感情极为缠绵,意象极为朦胧,给人一种别开生面的美感。杜牧的七绝以清新俊逸,流走明快,语浅意深见长,在王昌龄、李白等绝句大师之后犹能自成一家。

李商隐、杜牧之后,不曾再出现有重大影响的诗人。这时作家虽多,但多是中唐以来各大家的学步者,例如方干、李频之于贾岛、姚合,吴融、韩偓之于李商隐、温庭筠,只有皮日休、聂夷中、陆龟蒙、罗隐、杜荀鹤诸人稍有特色。他们的某些作品能继承新乐府运动"惟歌生民病"的现实主义传统和平易流畅的风格,如杜荀鹤的《再经胡城县》曰:"去年曾经此县城,县民无口不冤声。今来县宰加朱绂,便是生灵血染成。"但气魄才华以至影响都远不及前人了。

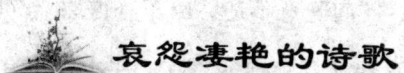

哀怨凄艳的诗歌

李商隐是晚唐学习杜甫诗才力最大、成就最高的诗人。他的诗歌具有"秾丽之中,时带沉郁"的特点,特别是抒写爱情、意绪的无题诗,历来为人们所称道,其中一些优美精炼的句子还被编入乐曲,广为传唱。如脍炙人口的"春蚕到死丝方尽,蜡炬成灰泪始干""身无彩凤双飞翼,心有灵犀一点通",常常被用作热恋中的青年男女互通心意的表白之辞。"心有灵

犀"更是成为表明彼此心息相通的俗语。

李商隐自称与李唐皇室同宗，但他的家族这一支早已没落，祖上几代只做过县令一类的小官。他10岁丧父，跟母亲一起过着清贫的生活。李商隐自幼聪颖，"五岁诵经书，七岁弄笔砚"，16岁时因擅长作古文而声名初振。他几次参加科举考试都没有成功，后来虽得中进士，却始终没有得到重用。李商隐关心现实政治，有匡国用世之心，作过一百多首政治诗，对历史和现实的许多社会问题作出了深刻的揭露和批评。他年轻时得到古文大家令狐楚的赏识，但进入仕途不久就卷入了唐代著名的"牛李党争"，受到权臣的排挤，一生不得志，仕途坎坷，沉沦下僚，长期过着辗转漂泊的幕僚生活，甚至有"十年京师寒且饿"的凄凉经历，不足50岁便郁郁而终。

李商隐诗集中的大部分篇章都侧重于吟咏怀抱、感慨身世，有着"玉盘进泪伤心数，锦瑟惊弦破梦频"的凄艳之美。与盛唐诗人的外放气质不同，李商隐注重向自我内心世界的探寻。他善于把哀婉的意绪融入朦胧瑰丽的诗境，敏感细腻的气质和落寞不振的身世遭遇在他的诗歌中交融成一种低回感伤的意绪，营造成一种纤细幽约、绮密瑰妍的美感。例如人们所熟悉的《登乐游原》："向晚意不适，驱车登古原。夕阳无限好，只是近黄昏。""意不适"的哀怨从起笔便笼罩在心头，乘车登上古原去欣赏落日，却因"近黄昏"触发了茫茫不尽的感伤。最后两句后来成为人们慨叹时间流逝、美好事物已经接近尾声时常用的词句。

他所写的无题诗，是继盛唐诗歌高峰后的一个卓越创造，其中抒写爱情的篇章，更是哀感凄艳、惊绝千古。如：

(一)

相见时难别亦难，东风无力百花残。

春蚕到死丝方尽，蜡炬成灰泪始干。
晓镜但愁云鬓改，夜吟应觉月光寒。
蓬山此去无多路，青鸟殷勤为探看。

(二)

昨夜星辰昨夜风，画楼西畔桂堂东。
身无彩凤双飞翼，心有灵犀一点通。
隔座送钩春酒暖，分曹射覆蜡灯红。
嗟余听鼓应官去，走马兰台类转蓬。

(三)

飒飒东风细雨来，芙蓉塘外有轻雷。
金蟾啮锁烧香入，玉虎牵丝汲井回。
贾氏窥帘韩掾少，宓妃留枕魏王才。
春心莫共花争发，一寸相思一寸灰。

  这三首诗是他无题爱情诗中最具代表性的作品。他运用比兴象征的手法，大量使用典故和迷幻幽约的意象，使诗境朦胧虚化。"相见时难别亦难"一句领题，写尽春尽花落、情人远离的凄艳。"春蚕到死丝方尽，蜡炬成灰泪始干"是千古传唱的名句，春蚕吐丝直到死亡、蜡烛燃烧殆尽才不再有烛泪，用此比拟相思的痛苦，同时"丝"字与"思"谐音，语意双关，真有"一寸相思一寸灰"的凄楚。李商隐用忧婉的诗笔将青年男女的恋情表现得既美好又辛酸，而通篇含蓄蕴藉，意境幽约凄美，思维跳跃性很大，读者往往不知其所指，正合命为"无题"。

  此类也有以诗的句首词语作为题目的，如《锦瑟》一诗，比上面几首更

显得辞意缥缈、朦胧优美，却具有强烈的艺术感染力：

> 锦瑟无端五十弦，一弦一柱思华年。
> 庄生晓梦迷蝴蝶，望帝春心托杜鹃。
> 沧海月明珠有泪，蓝田日暖玉生烟。
> 此情可待成追忆，只是当时已惘然。

锦瑟是有二十五弦的乐器，但现在都断掉了，成为五十根弦，怎么能像诗人说的那样是"无端"的呢？此中的缘由是我们猜不透、说不清的。下面毫无逻辑关系地罗列了四种景象：庄子在梦中变成蝴蝶，醒来忽觉不复人、物之别；望帝冤魂化成杜鹃鸟，日夜哀鸣；明月映照沧海中的蚌珠，似有泪涌；日光照耀蓝田美玉，好像升起烟雾。每一句都绮妍瑰丽，但我们只是被这种凄艳浑融的意境吸引，并不能确切地知道诗人要表达些什么。"此情可待成追忆，只是当时已惘然"，恐怕只有他自己知道追忆的是什么情感，我们只能从诗中体味到一种惘然哀怨，感动于这种异样的沉博凄艳之美。

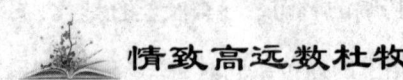

情致高远数杜牧

杜牧的诗歌风华流美而又情致高远、神韵疏朗，具有俊爽峭健的特征。其中最广为人知的作品是《清明》："清明时节雨纷纷，路上行人欲断魂。

借问酒家何处有，牧童遥指杏花村。"描绘出一幅烟雨之中的行路图，生动而朦胧。清明是中国农历二十四节气之一，是春天时祭奠先人的特殊日子，这天所特有的阴沉低落的情绪在杜牧的这首诗中得到了含蓄而准确的表达，至今读来仍能引起人们的强烈共鸣。

杜牧自少致力于经世致用之学，有出将入相的政治抱负，但是晚唐衰靡的社会现实已经不能为这种抱负提供机会。杜牧26岁参加科举考中进士，却同李商隐一样长期沉沦下僚，"十年为幕府吏"，中年以后虽然官位高升，却也未能有什么实际的作为。他郁郁不得志的苦闷和对社会时局的忧患都在诗歌中得到体现。

杜牧的祖父是中唐有名的宰相和历史学家杜佑，他所著的《通典》是中国第一部记述典章制度的通史。杜牧自少耳濡目染，也对历史、政治有颇为深广的认识。他的诗歌中最出色的是咏史、议论时政的作品，或者借题发挥表现自己的政治感慨与识见，或者讽刺现实社会问题，这些作品通常笼罩着一种面临末世的忧患与哀伤。如《泊秦淮》：

烟笼寒水月笼沙，夜泊秦淮近酒家。
商女不知亡国恨，隔江犹唱《后庭花》。

这首诗起笔用"烟笼寒水月笼沙"营造了一种凄冷迷茫的氛围，夜晚诗人将坐船停泊在岸边，听见酒家的歌女在唱着《后庭花》之类的曲子。《玉树后庭花》是唐五代时期陈后主制作的乐曲，陈后主耽于享乐、荒淫误国，在朝廷灭亡前夕还在与嫔妃饮宴作乐，是中国历史上有名的亡国之君，《玉树后庭花》也就被后世称为"亡国之音"。"商女不知亡国恨，隔江犹唱《后庭花》"，并不是批评卖唱的歌女不懂得国家危亡，而是隐斥朝廷上下面对颓败的政治局面不思进取、苟欢一时，用历史教训讽刺时政，犀利沉痛。

后世中国人每当国家衰落、风雨飘摇之际,常以这句诗作为警示之辞。清代文人沈德潜更把此诗推为绝唱(《说诗晬语》),认为是唐人绝句的"压卷之作"。

《过华清宫》(其一)则没有借助历史,直接批评当朝的腐败:

> 长安回望绣成堆,山顶千门次第开。
> 一骑红尘妃子笑,无人知是荔枝来!

这是杜牧经过骊山华清宫时有感而发之作,说的是唐玄宗与宠妃杨玉环的故事。唐玄宗统治后期沉溺声色,挥霍无度,他在骊山修建华清宫,用来与杨玉环寻欢作乐,因为杨玉环喜欢吃岭南的水果荔枝,就命人千里快递,甚至累死人马。唐代有许多诗文作品赞美他们的爱情,杜牧却直笔指斥本朝皇帝的荒淫无道,痛惜百姓的艰苦。

还有一些反映社会现实尤为深刻的作品,如《早雁》:

> 金河秋半虏弦开,云外惊飞四散哀。
> 仙掌月明孤影过,长门灯暗数声来。
> 须知胡骑纷纷在,岂逐春风一一回。
> 莫厌潇湘少人处,水多菰米岸莓苔。

这首诗用早雁比喻流离失所的难民,他们遭受外族侵扰困苦不堪,朝廷却无法平定动乱,不能保护自己的子民。百姓被迫像受惊的哀鸿,妻离子散,四处奔逃。诗人深切谴责了朝廷的无能,对难民的不幸遭遇寄予深切的同情。

杜牧也有许多以爱情为题材的诗歌。他个性风流,不拘小节,纵情声

杜牧雕像

色，在繁华的扬州做官时更是喜欢饮宴狎妓，还有一些风流韵事流传民间。他写作过一些送给歌妓的爱情诗，如《赠别》（其一）："多情却是总无情，唯觉樽前笑不成。蜡烛有心还惜别，替人垂泪到天明。"拟人化地将蜡烛写成替人流泪，写出与情人告别时依依不舍、彻夜不眠的心酸，与李商隐的爱情诗有着相似的情韵。不过这种眷恋思念的诗句也总是与杜牧自己的身世感怀相联系的，他自称"落魄江湖载酒行"，表明放荡不羁的行为是出于政治失意的苦闷，痛苦于多年辗转的幕僚生活，才干不得施展，年少时的理想一无所成，只剩下"十年一觉扬州梦，赢得青楼薄幸名"。（《遣怀》）

刘熙载在《艺概》中把杜牧和李商隐的诗风加以比较说："杜樊川诗雄姿英发，李樊南诗深情绵邈。"而作为晚唐诗人的共同之处是：他们处身于衰落动乱的时代，作品多悲伤而少雄壮，浸染着凄凉的秋意，这也正是没落王朝的昏暗投影。诗歌到了这时，也难以在意境上再有大的开拓了。

诗佛相融看王维

王维（701—761），字摩诘，太原祁（今山西祁县）人，出身仕宦之家，"父处廉，终汾州司马，徙家于蒲，遂为河东（今山西永济县）人"（《旧唐书·王维传》）。王维21岁时中进士，任大乐丞，因伶人舞黄狮子事触犯皇权而受连累，被贬为济州司库参军。开元二十二年（734年），政治上较有远见的张九龄为相，王维积极拥护，并上书请求引荐，于是被提升为右拾遗。不料三年后，历史上有名的口蜜腹剑的李林甫为相，张九龄被贬，王维也被排挤出朝廷，以监察御史的身份出使边塞的凉州。直到开元二十七年才应召回长安，此后一直在京供职。历任左补阙、库部郎中、给事中、太子中允、中书舍人、尚书右丞等职。因为职务关系，他曾到过四川和湖北。著作有《王右丞集》。

王维的确是一位有才气的人物。他在青年时期已经显露出惊人的才华。他十七岁时作的《九月九日忆山东兄弟》，18岁时写的《洛阳女儿行》，不但在当时文坛上获得了很高的声誉，直到今天也还为人们所赞赏。其中"每逢佳节倍思亲"等，已成为人们普遍传诵的名句。

天宝十五年（756年），安史叛军攻陷两都（长安、洛阳），唐玄宗奔蜀。"维扈从不及，为贼所得"。安禄山素慕王维之名，派人把他架持到洛阳，关押在菩提寺里，强迫接受"给事中"的伪职。开始，王维"服药取痢，伪称喑病"，但后来还是接受了安禄山授给的职务。这是王维政治上的一个污点。后来官军收复两都,唐肃宗回到长安,凡作过伪官的按三等定罪。王维一方面有《凝碧诗》在,同时他弟弟王缙因平叛有功,官职已显,"请削己刑部侍郎以赎兄罪"。因此,肃宗"特宥之,责受太子中允"。之后,王维的官职又逐步升迁。

王维先后在终南山和兰田辋川别墅,过着半官半隐的"弹琴赋诗,傲啸终日"的悠闲生活,写下了许多山水田园诗,其中不少是脍炙人口的佳篇。苏轼评论王维的诗说:"味摩诘之诗,诗中有画;观摩诘之画,画中有诗。"(《东坡志林》)这个评论是十分精当的,准确地揭示了王维诗歌的特点。

据《唐诗纪事》卷十六记载,安史之乱时,大音乐家李龟年南奔;曾在湘中采访使的筵席上唱过王维的《相思》:"红豆生南国,春来发几枝。劝君多采撷,此物最相思。"这说明王维诗作的又一个特点,即既明白如话,又情意深长,音节响亮,宜于入乐。其他如"渭城朝雨浥轻尘,客舍青青柳色新。劝君更尽一杯酒,西出阳关无故人"以及《鹿柴》《白石滩》《辛夷坞》等诗,语言也非常凝炼,意境都十分优美。王维的山水田园诗,数量多,诗意浓,形成了他独特的艺术风格,对后世颇有影响。但也要看到,王维笔下的田园生活,与当时农村的真实生活相去甚远。它无非表现了诗人自己安适自得的情趣而已。

王维又是一个有名的画家。他善于从客观世界里选择出最具有特征和最富于表现力的事物,描绘出十分和谐的图画。他善画山水,写山水人物,在深浅浓淡中,显现出大自然的神韵。在前人的基础上,他总结出了"丈山、尺树、寸马、豆人"的理论,改变了过去"人大于山"的表现方法。他的画法,对后来水墨山水画的影响很大。现存传世的作品有《雪豁图》《伏生授经图》(又称《写济南伏生像》)等。

王维在青年时代就喜好音乐。他在进士及第后的第一个官职,就是

"大乐丞"。据说,有一次,有人得到一幅画得很复杂的"奏乐图",大家都争相围着去看,但是没有一个人看出画的内容和叫出画的名字。王维看了之后说:"这就是'霓裳羽衣曲'第三叠第一拍嘛。"大家都将信将疑。有个好事的人,专门去找了乐队来奏《霓裳羽衣曲》,当乐工奏到第三叠第一拍时,和画面上完全一致。于是大家都佩服王维见多识广,有学问。

王维父早丧,母亲崔氏信佛,对王维影响很大,因此,王维也是一个虔诚的佛教徒。他的名和字就是取自《维摩诘经》中的维摩诘居士。维摩诘是佛门弟子,但过着世俗贵族的豪华生活。王维中、晚年的生活也跟维摩诘不相上下。他一方面"晚年长斋,不衣文綵""退朝之后,焚香独坐,以禅颂为事";同时又半官半隐在辋川别墅里。那儿风景优美,辋水环绕舍下,有"孟城均""华子冈""欹湖""竹里馆""鹿柴""柳浪""金屑泉""白石滩""辛夷坞"等专供游乐的名胜。王维经常与裴迪等人乘坐小船,泛游于辋水之中,往返于名奇胜地,以赋诗相酬为乐,过着"啸咏终日"的生活。他"在京师日饭十数名僧,以玄谈为乐"。维妻早亡,没有再娶,所谓"三十年孤居一室,屏绝尘累"。他的书房里没有其他的陈设,只有"茶铛、药臼、经案、绳床而已"。王维和他的弟弟王缙"俱有俊才""俱奉佛",既是同胞,又是同僚,所以感情深厚,关系很好。王维临死时,其弟不在身边而在凤翔。他向人要了纸笔,专门给缙写了遗书,内容是敦促其"奉佛修心"。遗书写好后,他放下笔就咽了气。

浪漫诗风：李白

李白号青莲居士，公元701年出生于中亚的碎叶城。他的祖籍是陇西成纪（今甘肃秦安附近），他的祖先是在隋朝末年流寓到碎叶的。他5岁的时候跟随父亲李客全家迁居到绵州的昌隆县青莲乡（今四川江油县境内）。他的青少年时期是在西蜀度过的，因此他一直把蜀中认作自己的故乡。

李白出生在一个富裕而又具有一定文化修养的家庭。他在父亲的督教下，5岁就开始诵六甲（计算年月日的六十甲子），10岁开始阅读诸子百家的著作。年幼时背诵司马相如的《子虚赋》曾引起过他的欣慕和向往。到15岁左右，他除了搜寻各种罕见的书籍阅读而外，已经开始从事写作活动，他自己认为这时所作的赋已能与司马相如相媲美了。除了读书写作以外，他还努力学习剑术。由于他从小怀有济世治国、建功立业的远大志向，所以他既学文，又习武，学习是非常刻苦的。

当时有一位官阶很高的文学家苏颋到益州（今成都）来做长史，李白在半路上拦住他请求相见。他看了李白的诗文以后，大为赞赏，曾说："这个青年天才英丽，写文章下笔就不必停歇。虽然他自己的风格还未成熟，但他的风骨已经形成了。如果再坚持学习，完全可以赶上司马相如。"李白获得这样的评价，绝非偶然。

在从20岁到25岁这几年里，李白漫游了几乎所有的蜀中有名的山水和

名胜。蜀中雄峻的山川景色，与他豪纵的性格是合拍的。他这段游历，一方面是尽情地欣赏大好的自然风光，一方面也是为未来建立功业做必要的准备：广交游，结名流，陶冶自己阔大豪壮的胸怀。锦城散花楼上远眺，峨眉山幽深景色里听琴，司马相如的琴台，扬雄的故宅，无不在他的诗作中留下动人的形迹。

李白28岁那年到了湖北的安陆。在这里，他和曾经作过宰相的许圉师的孙女结了婚。于是他就在安陆安了家，居住了十年左右。

在这期间，他结识了已经退隐的诗人孟浩然。二人意气相投，一见如故。他们在襄阳邂逅相逢，虽然孟浩然比李白大12岁，但他们的情谊是深厚的。从李白著名的《黄鹤楼送孟浩然之广陵》一诗中，我们可以领略到他们之间的感情是多么深挚：友人的船影渐去渐远，已经消失在水天相接的碧空之中了，自己还伫立在黄鹤楼的栏杆旁，望着流向天边的长江水，久久不肯离去。

李白企求从政的活动虽然到处碰壁，但十多年的游历使他的足迹几乎遍布全国，他优美的诗文在各地不胫而走，被人们交口传诵；他的品格风范、才情器度，为极多的人所钦佩赞叹，唐玄宗也必有所闻。于是在李白42岁那一年（742年）玄宗接连三次下诏书召他入京。李白当然极为欣喜，认为这样一来，自己的理想、抱负就一定能实现了。但是唐玄宗只给他一个翰林供奉的虚衔，没有给他实授任何官职。每日只是陪侍宴饮游猎，奉命写些玩乐的词赋。加上权佞小人的嫉妒诬谗，使李白郁郁不得志，一切美好的理想愿望都成了泡影。所以他在长安总共只待了一年多的时间，就向玄宗提出了还山的要求。玄宗也就趁势把他"赐金放还"了。

李白初到长安时，有一位名气很大、年事很高的大臣叫贺知章的，在紫极宫第一次见到李白，就惊叹说："你真是谪仙人啊！"立即解下身上佩戴的金龟，与李白一起换酒喝。所以后来人们常称李白为"谪仙"。

天宝三载（744年）春天，李白离开了长安，毅然丢弃繁华舒适的生活，重新踏上了漫游的途程。

　　李白离开长安刚到洛阳，就认识了唐代的另一位大诗人杜甫，俩人结下了深挚的友谊。由于他们都具有高超的诗歌艺术修养和精深的思想、才华，所以一见面就互相被对方的风采所吸引，极为投合。他们在一起饮酒游历，赋诗抒怀，倾心畅谈，越发互相敬佩和爱慕。他们二人又曾在开封与另一位名诗人高适一起度过了一段舒畅愉快的日子。这三个意气相投的挚友，结伴在这座著名古城里寻访古迹，论诗怀古，饮酒打猎，畅抒心怀。以后他们常常怀念这段畅游的日子，杜甫还写了不少的诗来追忆这一段生活。李杜又曾一起游东鲁，访齐州（济南）。他们最后分别是在天宝四载（745年）的秋天，在兖州（曲阜）的石门山。分别时李白向杜甫赠诗一首，流露了依依惜别的深情："飞蓬各自远，且尽手中杯！"并表达了重新相会的殷切期望："何时石门路，重有金樽开？"但现实并不尽如人意，他们从此被命运分开，各自漂泊，再也没能见面。

　　安史之乱发生后，李白在宣城、溧阳、剡中等地辗转漂泊以后，暂时到庐山隐居。

　　公元757年，永王李璘率师东巡经过浔阳时，派人带着书信和礼品三次上庐山聘请李白去作他的幕僚。李白也以为这是报效国家民族的一个机会，就怀着高昂的激情参加了李璘的军队。但是很快永王的军队就被他哥哥李亨派兵围歼了。这本是最高统治阶层为争夺帝位而产生的内讧，而李白等一心报国的人却成了牺牲品。李白莫名其妙地被加上了叛逆的罪名，在江西彭泽被捕，关进浔阳监狱，准备处死。幸亏率兵收复长安的中兴名将郭子仪在肃宗面前尽力为李白剖白，情愿拿自己的官爵来换取李白的生命。这样李白才幸免于死，降等定罪，流放夜郎（今贵州桐梓一带）。

　　公元758年，58的李白满含辛酸悲苦，离别了妻子，走上了流放夜郎

的长途。从浔阳出发，经江夏溯江而上，直到三峡。一路上写了不少发抒悲愤的诗，也受到人们友好的接待。第二年春天，李白刚到巫山的时候，朝廷因册立太子和天旱而发布的在全国实行大赦的命令传到了。这时他的高兴是无法形容的，立刻回程东下。著名的七绝《早发白帝城》就是描绘当时的心情的。

遇赦后，李白又重新游历江夏、岳阳、洞庭湖，然后到豫章（南昌）。这时他的心情开朗愉快，又恢复了诗酒豪纵的兴致。但兴奋和愉快很快就过去了，李白不得不面对战祸频仍、社会动荡、人民受难、自己生活凄凉的冷酷现实。他为国家民族的危难怀着深深的忧虑。他多么希望能平息战乱，使国家重新走上繁荣昌盛的道路啊！所以到了晚年，虽然靠别人周济为生，辗转于金陵、宣城等地，但他豪壮的胸怀仍然未减当年。上元二年（761年），当他听说朝廷委太尉李光弼为帅，率大兵抗御叛军时，他以61岁的高龄，以长年坎坷漂泊残留下来的老弱身躯，竟然要赶往临淮（安徽泗县）踊跃投戎，"请缨杀敌"。结果中途病倒，只好返回金陵。

宝应元年（762年）十一月，李白去世。李白临终前曾把诗文稿全部交给李阳冰，李后来把它们编为《草堂集》十卷，可惜也未能流传下来。刚即位的代宗曾下诏封他一个左拾遗的官职，但他未来得及接受这项任命就去世了。关于李白的逝世，我国向来有一种传说，说他月夜游采石江，身穿宫锦袍，傲然自得，旁若无人。酒醉后因见水中明月倒影可爱，就入水捉月而淹死。

这位中国文学史上继屈原之后最伟大的浪漫主义诗人，一生怀着大鹏的志向，但生活道路坎坷难言，在政治上始终未能展翅凌云。也许正因为这样，他才在诗歌艺术上达到了非凡的成就。他存留下来的上千首诗歌，成了中国和世界文化史上的瑰宝。

现实主义诗人：杜甫

杜甫是中国文学史上杰出的现实主义诗人，有"诗圣"之誉。他生活的年代正是唐朝由盛而衰的时期，他用诗笔写出自己在安史之乱中的见闻和感受，全面而深刻地反映了这一时期的社会现实。杜诗具有十分广泛的社会内容，鲜明的时代烙印以及明确的政治立场，所以在当时就已经被誉为"诗史"。

1. 才华出众，意气风发

杜甫，字子美，河南洛阳人。他出生于官宦之家，其祖父杜审言是唐代杰出的诗人，父亲杜闲也曾出任奉天县令和兖州司马，可是到杜甫出生时，家道已逐渐衰微破落。这深深地影响了他后来的生活和创作。

杜甫从小就才识过人，7岁能写诗，9岁能作文，十几岁时就深谙上层社会的礼仪和行事规则，深得当时名士的赞赏，人们都夸奖他颇具班固、杨雄之风气。

731年，年仅20岁的杜甫决计远游。这次出游拓展了他的视野，增加他的人生阅历，丰富了他的知识，对他后来从事诗歌创作起到了很大的作用。

735年，杜甫从江南回到洛阳，首次参加进士考试，可惜榜上无名。但因为那时他并没有急切求取功名的想法，所以这次落榜并没有令他心情压

抑。此后不久，他再次出游。他离开洛阳，去往东北方向的山东、河北等地，这次出游历时五年之久。这时正值唐朝鼎盛期，杜甫所到达的地方，都呈现出一派升平的景象。这时的杜甫也气宇轩昂，满怀雄心壮志，他游览到东岳泰山时，面对巍峨的山峦，不由得发出"岱宗夫如何?齐鲁青未了"的感慨。从这时起，正值而立之年的杜甫，开始潜心创作。

741年，杜甫出游而归，回到河南，娶妻生子，并在首阳山下定居。

2. 身逢乱世，一生落魄

746年，杜甫第二次来到长安参加科举考试，以求入朝为官。

这时，在朝执政的是奸臣李林甫，他害怕平民做官后向玄宗进言，揭发自己的恶行，因而对平民考生一概不予录取。在这种情况下，杜甫自然不可能中榜了。后来，杜甫生活逐渐困窘，为免遭饥寒之苦，他只得向达官显宦献诗乞求怜悯。751年，玄宗举行祭典仪式，杜甫认为这是他施展诗才的良机，于是趁机呈献了《三大礼赋》。果然，玄宗读后，对杜甫的诗学颇为赞赏，又令宰相给出题目，测试杜甫写文章的才能。可考试结束后，他只获得了待选官员的资格。

直到755年，杜甫才被授予一个河西尉的小官，杜甫不愿上任，故意拖延了一段时间，后来才又被任命为右卫率府兵曹参军。

安史之乱发生后，潼关失陷，杜甫将家人安顿在鄜州后，一个人前去投靠肃宗，行至途中被安史叛军抓获，被押到长安。在长安兵荒马乱的局势下，他听到官军节节败退的消息，写下了著名的《月夜》《春望》《哀江头》《悲陈陶》等诗。后来他逃亡到凤翔，出任左拾遗。杜甫直言敢谏，曾因上奏为宰相房琯战叛军失利一事开脱，被降职为华州司功参军。后来，他以诗的形式记录了他的所见所闻，作成"三吏""三别"，这也是他的不朽名作。"三吏"包括《石壕吏》《新安吏》和《潼关吏》；"三别"是指《新婚别》《无家别》《垂老别》。

由于官军屡败,关中告急,杜甫便辞掉官职,带着全家随同百姓一同逃难,后来逃亡到成都,才过了一段较为太平的日子。他的好朋友——成都刺史严武回朝后,蜀中发生叛乱,于是,杜甫流浪到梓州、阆州一带。后来,严武以剑南节度使的身份回到成都,杜甫又前去投靠他。严武死后,杜甫再度过起了飘浪生活,他在夔州

杜甫像

居住了两年后,辗转到了荆襄一带,他的名篇《水槛遣心》《春夜喜雨》《茅屋为秋风所破歌》《病橘》《登楼》《蜀相》《闻官军收河南河北》《又呈吴郎》《登高》《秋兴》《三绝句》《岁晏行》等,都是他在这个时期所作。

770年春天,湖南兵马使臧玠率军据守潭州对抗朝廷,杜甫无奈之下,只得携全家逃往衡州。在此期间,他写了《入衡州》《逃难》《白马》和《舟中苦热遣怀奉呈阳中丞通简台省诸公》等诗,真实生动地展示了叛乱的发生以及其举家逃难的过程。

同年冬天,杜甫作《风疾舟中伏枕书怀三十六韵奉呈湖南亲友》一诗,这是他在船中,苦力挣扎、抱病而成的绝笔之作。这首诗既抒发了他将久别人世的哀伤之情,也表达了他对战乱中的国运民生的担忧。

770年,杜甫病死在湘江的一条小船中,终年59岁。

3. 名作传世,中华诗圣

杜甫擅长运用古典诗歌形式进行创作,并对其进行创造性的发挥。他

是新乐府诗体的首创者,其创作的乐府诗促进了中唐时期新乐府运动的发展。他的作品是诗也是史,叙事宏大又不失细节,同时又能做到结构严谨,代表了我国诗歌艺术的辉煌成就。

此外,杜甫在五言七律上也表现出显著的创造性,他总结了关于声律、对仗、炼字炼句等完整的艺术经验,将这一体裁发展到了十分成熟的阶段。

杜甫死后,韩愈、元稹、白居易等人对他极力赞扬。元稹和白居易发起的新乐府运动,以及李商隐的近体讽喻时事诗都深受杜诗影响。但杜诗直到宋朝才真正受到普遍重视,宋朝著名文学家王安石、苏轼、黄庭坚、陆游等人对杜甫尊崇备至,文天祥更以杜诗为其恪守民族气节的精神动力。

由此可知,杜诗的影响力已超出了文学范围,而杜甫也因此成为至今仍备受后人赞誉的"诗圣"。

知识链接

初唐诗人杜审言

杜甫的祖父杜审言也是唐朝的著名诗人。杜审言少时与李峤、崔融、苏味道齐名,称"文章四友"。唐高宗时,杜审言得中进士,入朝为官。他恃才傲物,为同僚所不容。杜审言做吉州参军时,遭到吉州司马周季重等人的诬陷。杜审言的儿子杜并为父报仇,杀死了周季重,但杜并也被周季重的手下所杀。皇后武则天听说了这件事后,非常惊奇,就召见了杜审言。武后看重杜审言的文才,封他为著作佐郎,后来又提拔他为膳部员外郎。张柬之复唐之后,杜审言因为曾经依附张昌宗、张易之兄弟而被发配峰州,不久又被召回朝廷。授予国子监主簿之职。杜审言精于律诗,尤工五律,明朝胡应麟评价说:"初唐五言律,'独有宦游人'第一。"杜审言与同时的沈佺期、宋之问齐名,对律诗的定型作出了杰出的贡献,"初唐无七言律,五言亦未超然。二体之妙,杜审言实为首倡"。杜审言的诗以浑厚见长,《全唐诗》存录其诗四十三首。

 **豪迈诗风刘禹锡**

唐代诗人以诗之特点得名者有"诗佛"王维、"诗仙"李白、"诗圣"杜甫、"诗鬼"李贺,但一般人都不太知道刘禹锡的"诗豪"之称。"诗豪"之名,恰恰是刘禹锡诗友白居易对他的评价。白居易在《刘白唱和集解》中说:"彭城刘梦得,诗豪者也,其锋森然,少敢当者。"《新唐书》本传也说:"素善诗,晚节尤精,与白居易酬复颇多,居易以诗自名者,尝推为'诗豪'。"

刘禹锡之所以得名诗豪,应当从两个方面考虑,如果单从白居易的评价来体会,是说他的诗来得快,有锋芒,很少有人可以抵挡。因为二人经常唱和,因此白居易才有此评价。但后人对于"诗豪"的理解,也有内容方面的因素。即其性情豪爽旷达,敢于直言而不向邪恶势力妥协。柳宗元和他的遭遇几乎相同,也同样不妥协,但柳宗元性格内向,没有刘禹锡豪放旷达,因此柳宗元不到50岁就去世了,而刘禹锡在"二十三年弃置身"后却高歌着"前度刘郎今又来"回到朝廷。活过了古稀之年。其豪迈的情怀真的令人肃然起敬。

刘禹锡(772—842),洛阳人。贞元九年(793年)进士及第。贞元末与柳宗元同时参加"永贞革新",失败后遭到严厉打击,被贬为朗州(今湖

南常德）司马。十年后，被召回京师准备大用。刘禹锡创作一首《元和十年自朗州至京，戏赠看花诸君子》道："紫陌红尘拂面来，无人不道看花回。玄都观里桃千树，尽是刘郎去后栽。"诗中用玄都观里栽种桃花的道士比喻执政者，桃花比喻新提拔起来的新贵，而看花的众人便是趋炎附势的势利之徒，讽刺的意味太明显，口吻太辛辣，因此得罪执政者，便将他们几人再度贬出京师，成为远方刺史。官虽然升了，但工作环境没有根本改善。而柳宗元没有能够熬到回来便死在柳州。

十四年后，刘禹锡再度回到长安，他依旧不服气，又写一首《再游玄都观》的七绝道："百亩庭中半是苔，桃花净尽菜花开。种桃道士知何处，前度刘郎今又来。"讽刺意味更加辛辣犀利。诗前小序道：

"余贞元二十一年为屯田员外郎，此观未有花。是岁出牧连州，寻贬朗州司马。居十年，召至京师。人人皆言，有道士手植仙桃满观，如红霞，遂有前篇，以志一时之事。旋又出牧。今十有四年，复为主客郎中，重游玄都观，荡然无复一树，唯兔葵、燕麦动摇于春风耳。因再题二十八字，以俟后游。时大和二年三月。"

这段小序对于理解两诗至关重要，也可看出刘禹锡豪迈乐观旷达的性格。而在被贬二十三年返归途中，在扬州遇到老朋友白居易，二人在酒桌上当即唱和一首七律，也能表现刘禹锡的豪爽旷达。白居易诗曰："为我引杯添酒饮，与君把箸击盘歌。诗称国手徒为尔，命压人头不奈何。举眼风光长寂寞，满朝官职独蹉跎。亦知合被才名折，二十三年折太多。"对于刘禹锡被贬谪二十三年表示同情和愤慨。刘禹锡当即和诗道：

巴山楚水凄凉地，二十三年弃置身。

怀旧空吟闻笛赋，到乡翻似烂柯人。

沉舟侧畔千帆过，病树前头万木春。

今日听君歌一曲，暂凭杯酒长精神。

这就是著名的《酬乐天扬州初逢席上见赠》，其中颈联"沉舟侧畔千帆过，病树前头万木春"表现出一种历史永远前进，并不因为某个人的不幸遭遇而停止的观点。他把自己比喻为"沉舟""病树"，但沉舟的旁边是千帆竞过，"病树"的前面是万木逢春，一片生机盎然。

在长期的谪居生涯中，刘禹锡向民间诗歌学习，从其中吸收丰富的营养，深受民间俚歌俗调的浸染，创作许多具有民歌特点的优秀诗章。如：竹枝词二首（其一）："杨柳青青江水平，闻郎江上踏歌声。东边日出西边雨，道是无晴却有晴。"谐音双关手法的运用，深得南朝民歌的神韵。

刘禹锡的咏史怀古诗也很有成就，最著名的便是《西塞山怀古》，是对于藩镇割据者的警告和对于中央集权王朝的向往。

刘禹锡的诗歌从内容和形式方面都表现出豪迈的特点，《唐音癸签》评价道："禹锡有诗豪之目。其诗气贯古今，词总华实，运用似无过人，却都惬人意，语语可歌，其才情之最豪者。"他的这种风格对后世影响很大，南北宋各有一位大诗人直接受到他的影响。"昔人论刘梦得为豪放，其体为东坡七律所自出，固不得而轻议之也。"（《桐城吴先生评点唐诗鼓吹》）"陆放翁七律全学刘宾客，细味乃得之。"（《初白庵诗评》）苏东坡和陆游的七律都是从刘禹锡那里学来的，可见其影响之大。

梦回隋唐——一本书读懂隋唐文明

 **扩展阅读　温庭筠与《花间集》**

温庭筠（812—866），太原祁（今山西祁县）人，本名岐，字飞卿。少负才华，才思敏捷，在考场中押官韵时也不起草，一叉手则成一韵，八叉手则成八韵，因得号"温八叉"。他形象不美，面相很威猛，因此又被称为"温钟馗"。他不肯摧眉折腰于权贵，因词得罪宰相令狐绹，屡次参加科举均落榜，沉沦下僚。温庭筠行为不检，是典型的浪子型文人，经常出入于烟花柳巷，狎妓宴饮，放荡不羁。傲岸的性格和丑陋的外貌使他在官场和情场都很不得意。这种人生际遇和生活方式对于他文学创作产生了很深的影响。他的曲子词多写女性的感情生活，香软绮艳，细腻隐约，多用比兴手法。温庭筠早期词可以看出其对于词的推动，他的《新添声杨柳枝》道："井底点灯深烛伊，共郎长行莫围棋。玲珑骰子安红豆，刻骨相思知不知。"本词可以看出浓厚的民歌特点，运用谐音双关的手法表现女子对于爱情的执着。从"新添声"三字可以体会出是对于原有的《杨柳枝》词的增添，明确了曲子词的特点。《梦江南》也很有名："梳洗罢，独倚望江楼。过尽千帆皆不是，斜晖脉脉水悠悠，肠断白蘋洲。"但最能代表他词作风格的是十六首《菩萨蛮》，其一曰：

小山重叠金明灭，鬓云欲度香腮雪。

懒起画蛾眉，弄妆梳洗迟。

照花前后镜，花面交相映。

新帖绣罗襦，双双金鹧鸪。

　　词只描绘一位美人早晨醒来时的慵懒情态，微微皱眉，发式散乱，妆饰已残，于是懒懒起来，懒洋洋化妆。化妆的最后一道程序是在鬓角上插花，"照花前后镜，花面交相映"的画面有潜台词，是这位美人在顾影自怜，是美人迟暮的微微感叹。最后的"双双金鹧鸪"用鸟的成双成对反衬人的形单影只。虽然没有明说美人的春情相思，但通过对外在形貌和动作的描画，通过感官刺激表现出人物内在情怀的空虚孤独。作者用直接作用于感观的密集而艳丽的辞藻，通过描写女人生活的环境和形象，如同精工刻画的仕女图，具有工艺妆饰的效果。

　　还应指出，温庭筠得罪令狐绹就是因为《菩萨蛮》词。据说唐宣宗特别喜欢《菩萨蛮》，百听不厌，但教坊演奏的《菩萨蛮》都是旧词，于是宣宗让宰相令狐绹创作新词。温庭筠在令狐绹家当清客，令狐绹便将创作《菩萨蛮》新词的任务交给温庭筠。温庭筠很快创作出二十首，令狐绹大喜，告诫温庭筠不要泄漏是他创作的。温庭筠创作的新词很快唱红，后来温庭筠不小心将真相说了出去。令狐绹大为恼怒。可知，温庭筠当时一次便创作二十首，但流传下来的只是保存在《花间集》第一卷里的十四首，另外六首失传。

　　温庭筠死后不到半个世纪，唐朝灭亡，中国历史进入五代时期。在西蜀和南唐形成两个词的中心。五代词的发展主要在这两个地方性国家。

　　西蜀建国早，与中原其他各国相比，政权相对稳定，又有从中原入蜀的著名词人韦庄等人的示范，西蜀词比南唐词发展就早了很多。后蜀赵崇祚

在广政三年（940年）编辑成《花间集》，这是中国词史上流传下来的第一本文人词总集。《花间集》十卷，选录十八位词人的五百首词。作者中温庭筠、皇甫松属于晚唐而未入五代者，孙光宪同和凝属于五代时人，但不在西蜀，其余都是蜀人。因为南唐二主李璟、李煜以及冯延巳等词人此时还没有成就，故没有被收录其中。

《花间集》是最早的文人词总集，实际等于向曲子词创作者提供一个范本，集中代表词在格律方面的规范化，标志着在辞藻、意境、风格方面的进一步确立，奠定了曲子词在其后一个世纪左右的发展方向。一直到南唐李煜出现，花间词风才受到强烈的冲击。

第九章

歌舞升平
——舞蹈发展史上的新浪潮

公元7世纪建立的唐帝国,是我国历史上少有的盛世。在隋朝统一的基础上,唐王朝开疆拓土,国威大振,迎来"贞观之治"和"开元盛世",为整个社会带来朝气蓬勃的生机。南北文化以空前的速度相互融汇,中外文化大规模交流,为文学艺术的繁荣兴盛创造了良好的社会环境。

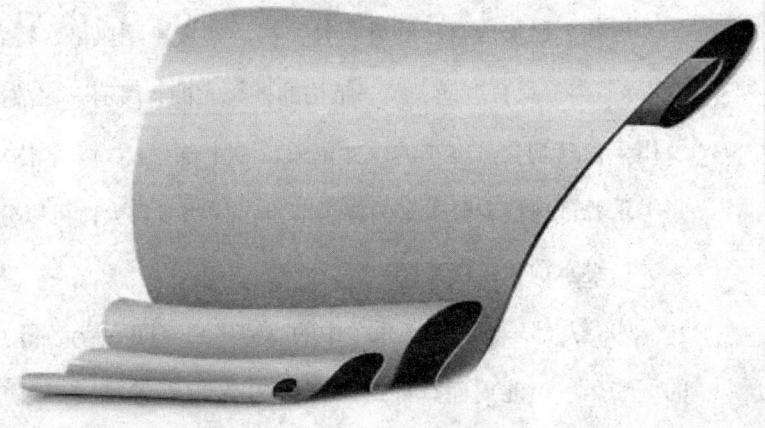

梦回隋唐——一本书读懂隋唐文明

高度发展的歌舞文明

强盛的唐代,以它恢宏的气度,博大的胸怀,广取博采境内外各族乐舞,无所拘束地大胆创新,开创了舞蹈发展史上的新风。

最能代表唐代舞蹈发展广度的,是渗透在社会生活各个方面的舞蹈活动。而最能代表唐代舞蹈艺术发展高度的是具有欣赏价值的各类表演性舞蹈,如"健舞""软舞"、大曲、歌舞戏等等。它们流传的地区广,时间长,影响深远。著名的隋唐宫廷燕(宴)乐,既用于典礼,又具有一定欣赏价值和娱乐作用。它们大多来自民间,或吸收某些民族民间乐舞因素编制而成,无论是编曲、编舞、服装、化妆的设计及表演等,都达到了相当高的艺术水平,且富有生气。这大概就是隋唐宫廷燕乐在我国和世界音乐舞蹈史上为人瞩目的原因。

唐代舞蹈品种、名目繁多,目前有记载可考的舞名有一百多个。

唐代,已形成自己的舞蹈分类法。如按舞蹈风格、特点区分的"健舞""软舞"类;具有严谨、统一结构的歌舞大曲;带有一定故事情节的歌舞戏;及用于宫廷朝会、宴享的《九部乐》《十部乐》《坐部伎》《立部伎》等。每类乐舞都包括十分丰富的舞蹈节目,这些节目大体可以分为三种类型:

1. 继承前代传统舞蹈

如《九部乐》《十部乐》中的《清乐》(即《清商乐》);《立部伎》中的《安乐》(北周面具舞)、《太平乐》(狮子舞);"软舞"类的《乌夜啼》（属《清商乐》类，起于南朝宋代）、《兰陵王》（起于北齐）、《回波乐》（北魏时乐舞）；歌舞大曲中的《玉树后庭花》（南朝陈代作品，属《清商乐》类）、《泛龙舟》（隋代）、《采桑》（属《清商乐》类）、《伴侣》（北朝齐末）、《踏金莲》（南朝齐代）、《安公子》（隋代）、《同心结》（隋代有《舞席同心髻》，唐大曲《同心结》可能与之有继承关系）；歌舞戏中的《踏谣娘》（起于北齐或隋）、《兰陵王入阵曲》（亦作《代面》，起于北齐）。其他如北魏的《火凤舞》等也属此类。

2. 以国名、地名、族名为乐部或舞蹈名称的乐舞

这类乐舞，从名称上已标明它们具有浓厚的民族风格和地方特色。如《九部乐》《十部乐》中的《西凉乐》（西凉即今甘肃武威）、《天竺乐》（天竺即古印度）、《高丽乐》（高丽位于今鸭绿江沿岸地区）、《龟兹乐》（龟兹即今新疆库车）、《安国乐》（安国即今中亚布哈拉一带）、《疏勒乐》（疏勒即今新疆喀什噶尔及疏勒一带）、《康国乐》（康国即今中亚撒马尔罕一带）、《高昌乐》（高昌即今新疆吐鲁番一带）；"健舞"类的《拂菻》（拂菻即古东罗马帝国及其东方属地）、《大渭州》（渭州在今甘肃陇西县西南）、著名的《胡旋舞》《胡腾舞》《柘枝舞》原本都是西域民间舞；"软舞"类的《凉州》（凉州即今甘肃武威）、《甘州》（甘州即今甘肃张掖）；大曲类的《伊州》（伊州即今新疆哈密）、《醉浑脱》《突厥三台》《穿心蛮》《龟兹乐》等。当然，这些大曲应该是根据各地民族民间乐舞，按照大曲的结构形式编制而成的；歌舞戏类的《拔头》（本西域乐舞），其他像《南诏奉圣乐》（南诏在今云南大理一带）、《骠国乐》（骠国即今缅甸）等也属此类乐舞。

3. 唐代新作

唐代有许多舞蹈新作，其中一部分是在吸收民族民间乐舞素材的基础上创作的。如：《九部乐》《十部乐》中的《燕乐》（包括《景云河清歌》，

亦称《景云乐》），是宫廷乐官张文收为歌颂唐朝兴盛而作；《坐部伎》《立部伎》中，除《安乐》与《太平乐》两部外，其余乐部全是为歌颂唐代各朝皇帝的文德与武功而编创的，其乐舞形式吸收了丰富的民间滋养；《破阵乐》《大定乐》等吸收了传统武舞，以象征战阵之容；《圣寿乐》吸收了民间字舞，以优美的舞蹈动作及巧妙的队形变换，摆出十六个祝颂之字形；《鸟歌万岁乐》和《光圣乐》，舞者头戴鸟冠，当是模拟飞鸟情态的舞蹈；《龙池乐》，舞者头戴莲花冠，舞态轻盈飘逸，吸收了民间花舞因素。此外，还吸收了大量民族民间音乐成分，如《破阵乐》《大定乐》《太平乐》等，"皆擂大鼓，杂以龟兹之乐"，《长寿乐》《天授乐》等也"皆用龟兹乐"，"惟《庆善舞》独用西凉乐，最为闲雅"。这些记载，清楚地表明唐代宫廷燕乐吸收民族民间乐舞进行编排创作的历史事实。

"健舞""软舞"类中，为歌颂忠勇将领王孝杰编创的《黄獐舞》，吸收传统武术、风格英武豪健的《剑器舞》，既优美又矫捷的《杨柳枝》，乐曲如鸟鸣的《春莺啭》，以舞袖为容的《绿腰》，以及在西域民间舞《柘枝》的基础上发展、变化的《屈柘枝》（或作《屈枝》）等，都是唐代新作。

大曲，是音乐、舞蹈、诗歌三者相结合的大型多段体乐舞套曲，它是在唐代发展成熟的一种结构谨严的乐舞形式。据唐人崔令钦《教坊记》所列，唐大曲有四十六种之多（还有一部分大曲名散见在唐诗及其他记载中），其中许多是新作。即便是前代传统乐舞或少数民族乐舞如《玉树后庭花》《泛龙舟》《伴侣》《龟兹乐》《醉浑脱》等，也都是在原乐舞素材的基础上编制成大曲形式的，都经过了较多艺术加工和创新。大曲类的其他许多新作，如《霓裳羽衣》（《教坊记》作《霓裳》）、《平翻》《断弓弦》《千春乐》《千秋乐》（明皇生日名"千秋节"）、《大姊》《舞大姊》《雨淋铃》《薄媚》《昊破》《迎仙客》等。其中影响最大，最著名的是《霓裳羽衣》。

部分没有归类的新作有表现仙女优美形象的舞蹈，其创作、编制常常与一些神话传说有关，带有一定的宗教色彩，如刻画龙女忽然在水中出现，飘拂、轻捷的《凌波曲》；由李可及吸收西南少数民族乐舞素材创作的大型女子群舞《菩萨蛮舞》（亦称《四方菩萨蛮》）等。当然，刻画仙女形象最成功的作品，还是要数《霓裳羽衣》舞。

另外还有一些比较特殊的、表现悲伤情绪的舞蹈，如《何满子》《叹百年》等，它们没有被归入舞类。《何满子》是著名歌者何满子在被处死以前用满腔悲愤、哀怨所唱的"从头便是断肠声"的悲歌，文宗朝宫人沈阿翘依曲编舞。《叹百年》则是李可及为悼念同昌公主之死而作的大型女子队舞，几百（或作数千）盛装宫女，载歌载舞，"词语凄恻，闻者流涕"，颇为感人。

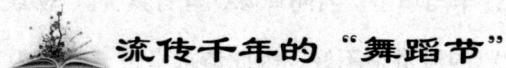

流传千年的"舞蹈节"

民间舞蹈是民间习俗的重要组成部分。中国民间舞蹈常常和中国的节日习俗、信仰习俗紧密地联系在一起。许多传统节日实际上就是民间舞蹈节。隋唐时代，民间舞蹈习俗已经形成，并且传延后世。

1. 元宵节

元宵节是中国传统的迎春节日，相传起于汉代。

隋朝初年，刚刚结束了南北朝对立的战乱局面。元宵节恢复了一片太平景象。各个城市灯火辉煌，鼓乐喧闹。男女老少涌上街头。街上游行队

伍不断，人们载歌载舞。兽面舞蹈成了突出的节目，同时还有杂技艺人表演精彩的技艺。

隋炀帝即位的第二年，为了向来朝的外国人炫耀，调集了民间百戏散乐到东都洛阳表演。扮成水族的歌舞队伍沿街游行，有"大鲸鱼"喷着水雾，忽然变成七八丈长的黄龙，叫作"黄龙变"，其实就是那时的舞龙。有精彩的绳技表演，两柱之间系一根10丈长的绳子，两个女孩子在绳上互相对舞，可以擦肩而过。还有一种竿头的舞蹈，两根竿头上的舞人，可以互相交换位置。各种节目，奇巧动人。从那时起，每年正月都要在京城举行这种盛大的群众性演出。戏场绵延八里长，表演的人数达到三万。

隋朝洛阳元宵节的艺术会演，直承秦汉"百戏"的传统。不少文献记载了洛阳和京外其他州县元宵情景。《隋书·柳彧传》记载了柳彧的一篇《请禁角抵戏疏》，柳彧说："窃见京邑，爰及外州，每以正月望夜，充街塞陌，聚戏朋游。鸣鼓聒天，燎炬照地。人戴兽面，男为女服。倡优杂技，诡状异形。以秽嫚为欢娱，用鄙亵为笑乐。内外共观，曾不相避。高棚跨路，广幕凌云。袨服靓妆，车马填噎。肴醑肆陈，丝竹繁会。"柳彧认为这种"无问贵贱，男女混杂"的风俗很不好，因此请求皇帝"颁行天下，并即禁断"。但是，隋朝的皇帝并未禁止这种习俗，反而愈演愈烈。正是隋朝元宵节，才显示了当年彩舞游乐的最高水准。薛道衡作了一道《和评给事善心戏场转韵》诗，描写隋朝洛阳元宵节："万方皆集会，百戏尽来前。""竟夕鱼负灯，彻夜龙衔烛。戏笑无穷已，歌吹还相续。羌笛陇头吟，胡舞龟兹曲。假面饰金银，盛服摇珠玉。宵深戏未阑，竟为人所欢。卧驰飞玉勒，立骑前银鞍。纵横既跃剑，挥霍复跳丸。抑扬百兽舞，盘跚五禽戏。狻猊弄斑足，巨象垂长鼻。青羊跪复跳，白马回旋驶。忽见罗浮起，俄看郁岛至。峰岭既崔嵬，林丛亦青翠。麏麚下腾倚，猴猿或蹲跂。"由此可知当时表演的节目至少有马戏、杂技、跳丸、跳剑、鱼灯、龙灯、狮舞、鹿舞、象舞、羊舞、猴舞、假面舞等。

元宵节歌舞娱乐的习俗，到唐代规模更加壮大。唐初高祖武德元年（618年），为了扮演"男为女服"的节目，太常寺曾从民间借用500套妇女服装，供元宵节"假妇人"化妆之用。其他节目也可以想见。

元宵歌舞习俗一直传延至今。

2. 踏歌

唐代民间节日娱乐中，有一项重大的歌舞活动，叫作"踏歌"。人们手牵着手，踏地击节，载歌载舞。唱的歌子是同一个曲调，即兴填词，无限反复。民间踏歌常常夜以继日，通宵达旦。

这种应歌而舞，踏地为节的歌舞，起源甚早。青海大通上孙家寨出土的马家窑型彩陶盆上的舞蹈图纹，已经和后世的"踏歌"是同一模式。《吕氏春秋》所载的《葛天氏之乐》，操牛尾，投足而歌的八段歌舞，也很有"踏歌"的意味。"连手而歌，踏地为节"的歌舞，从汉代起已见之于文献。《后汉书·东夷传》说："五月田竟……群聚歌舞。舞辄数十人相随，踏地为节。"葛洪《西京杂记》说："十月十五日，共入灵女庙。……歌《上灵》之曲，既而相与连臂踏地为节，歌《赤凤凰来》。"《周书·宣帝纪》说南北朝时"周宣帝与宫人夜中连臂蹋蹀而歌"。到了隋唐时代，"踏

隋炀帝

歌"之风大盛。《旧唐书》《新唐书》等正史中，有关"踏歌"的记述颇多。唐代诗人刘禹锡的《踏歌行》诗更加脍炙人口：

春江月出大堤平，堤上女郎连袂行。
唱尽新词欢不见，红霞映树鹧鸪鸣。
桃溪柳陌好经过，灯下妆成月下歌。
为是襄王故宫地，至今犹自细腰多。
新词宛转递相传，振袖倾鬟风露前。
月落乌啼云雨散，游童陌上拾花钿。

有时宫廷也出面组织规模盛大的踏歌。唐朝每逢元宵节，常常要在京城宫阙的安福门外组织灯会，有几千人参加踏歌。宫女们也有机会出来参加，所谓"三百内人连袖舞，一时天上著词声"。

隋唐时代风行的"踏歌"习俗，也是绵延不绝。《宣和书谱》记宋代"南方风俗，中秋夜，妇女相持踏歌，婆娑月影中，最为盛集"。陆游《老学庵笔记》说："男女聚而踏歌，农隙时，至一二百人为曹，手相握而踏歌。"南宋画家马远还画过一幅《踏歌图》，画上六位野老踏舞于山阴道上，形态逼真，野趣甚浓。

"踏歌"之俗历经元、明、清各朝，至今在南方少数民族地区依然蓬蓬勃勃。

3. 大酺

凡是立太子、改年号等喜庆日子，皇帝允许人民聚众饮酒作乐，叫作"赐酺"。唐朝的赐酺，在武则天时代搞得最频繁，唐玄宗时代搞得最铺张。唐玄宗曾经在洛阳五凤楼下大酺，命令300里内的地方官，带领歌舞艺人前来参加会演。长安的大酺则常常在勤政楼前，届时几百个宫女表演"三大舞"。还有大象、犀牛等兽形舞的表演。各府州县送来的"散乐",有山车、旱船、戏马、斗鸡、弄丸、弄剑、角抵等。

大酺歌舞也成了传统。

4. 乞寒

唐帝国外交频繁,长安、洛阳等地有很多外国人和少数民族。他们把本民族的风俗习惯也带到了中国。于是,有一种"泼寒胡戏"流行多年。

"泼寒胡戏"在每年腊月"乞寒"时举行。人们戴着兽面或神头鬼面,光着膀子,唱着歌,跳着舞,互相追逐泼水取乐。

这是龟兹、康国、高昌等地的风习。传说冬春时节奏乐泼水,可以消灾去病。这种活动在南北朝时已传入中原,武则天时开始兴盛,到唐中宗时在京城及各大城市形成了盛大的规模。开元年间,由于皇帝的干涉,才渐渐消歇。

5. 庙会

由于佛教与道教的广泛传播,南北朝时佛寺与道观已普遍出现。北魏杨衒之《洛阳伽蓝记》说,当时洛阳就有佛寺1367所。那时,已经有佛寺设伎乐的习俗。寺院已不仅是宗教场所,而且成了大众游乐场。每逢宗教节日,寺庙里都组织群众性的游乐,舞蹈是其中重要的活动项目。

中国人造出了许许多多的神,每逢神诞,寺庙里都有庙会,歌舞和其他娱乐节目各逞其能。

唐代的寺庙里,除了继承南北朝的游乐传统外,还出现了"戏场"。

唐代寺庙里集中了民间流行的各种文娱节目。像鹤舞、花舞等,都是庙里常演的节目。唐代寺庙里还有一种著名的舞蹈,叫作《四方菩萨蛮舞》。这种舞蹈是唐懿宗时创作的。唐懿宗信佛,用很多钱修了一座安国寺。寺庙落成时,懿宗教他的宫廷伶官李可及改编了这个女子群舞。表演时,一个个舞女打扮得像菩萨一样美丽,几百人的舞队跳舞给佛菩萨欣赏。渐渐

地，寺院里表演《四方菩萨蛮舞》就成了民间习俗。从敦煌壁画中描绘的那些为佛菩萨表演的舞蹈，我们可以想象出唐代寺庙歌舞的情景。

6. 赛神

老百姓为了感谢"神"所给予的幸福，祈求六畜兴旺，风调雨顺，疫疠不作的好日子，就要组织"赛神"。每逢这种日子，在安排隆重的祈祷仪式的同时，往往有歌舞活动。民间的巫觋常常是赛神歌舞精彩的表演者。

唐朝诗人王维《祠渔山神女歌》中有《迎神》歌：

坎坎击鼓，渔山之下。
吹洞箫，望极浦。
女巫进，纷屡舞……

说的是女巫在箫鼓伴奏下，跳起舞来迎接神灵的到来。祭祀完毕，还要跳起舞来欢送神灵归去。

赛神歌舞的表演者不仅仅是巫女。有时村人野老也一起歌舞。刘禹锡《阳山观庙赛神》诗，描写荆楚一带赛神说：

荆巫脉脉传神语，野老婆娑起醉颜。
日落风声庙门外，几人连踏竹枝还。

风调雨顺是中国老百姓所期望的，但大自然的风雨往往不能尽如人意。水和人民的关系太重大了，当老天不下雨时，人们就要唱歌跳舞来祀神求雨。唐朝诗人裴谞的《储潭庙》诗，生动地描写了农民向储潭之神求雨的情景。老农老圃们置备了丰盛的供品，还请来"女巫纷纷堂下舞"。但是，"男觋女巫更走魂，焚香祝天天不闻"，老天爷似乎并不为这些歌舞所感动，好像没听见没看见似的。尽管如此，古代多数中国人还是相信赛神可以感动天神。

唐代民间舞蹈的习俗，上承远古，流传后代。有些唐朝的舞蹈习俗，直到近代还可以在民间看到。

唐代，每逢年节，总有盛大的歌舞活动，这些活动中的节目，往往都具有较强的群众性和娱乐性，很能激发人们的兴趣和热情，为当时繁盛的乐舞画卷，又增添了一道民俗风情景观。

唐朝民间说唱艺术

唐代，在歌唱艺术蓬勃发展，散韵相间的文学体裁相沿已久的条件下，有说有唱的说唱艺术逐步成熟，这是中华音乐文明历史中十分独特的一个品种。

从文献记载看，最早显示说唱艺术业已成熟的，是敦煌卷子中的唐代变文。所谓变文，大约产生于初唐，"变"字的意思是佛经故事的繁衍变化。僧人以通俗方式向听众讲解佛教经义，称为俗讲。俗讲僧有时用绘画和说唱为手段来表现佛经故事，这种图画就称为变相，说唱的底本就称为变文。变相和变文有时也简称变。变文大多是散文、韵文相间，散文部分用来讲说，韵文部分用来歌唱。变文的内容题材除来自佛经的以外，也有一部分是历史传说和民间故事。宗教内容的变文又如《维摩诘经变文》《降魔变文》等；历史传说内容的变文又如《伍子胥变文》《张义潮变文》，民

间故事内容的变文又如《孟姜女变文》《董永变文》等。

变文说唱的情况有唐代诗文中有所记述。赵璘在《因话录》里记载这样一件事："有文溆僧者，公为聚众谈说，假托经论，所言无非淫秽鄙亵之事。不逞之徒，转相鼓扇扶树；愚夫冶妇，乐闻其说，听者填咽寺舍，瞻礼崇崇拜，呼为和尚。教坊效其声调，以为歌曲。"文溆，或记为文叙、文淑，是个有名的俗讲僧，他所演唱的具体内容，我们已无从得知。至于赵璘所记"教坊效其声调"，则确有旁证。据《乐府杂录》记载："长庆中，俗讲僧文叙善吟经，其声宛畅，感动里人。"乐工黄米饭曾采其声调，编成歌曲，名《文叙子》。

变文演唱，可能会受到一些外来影响，但是由于要争取广大听众乐于接受，自然要借助于民间曲调。这从《宋高僧传》卷25对唐代僧人少康的记述可以得到证实："康所述偈赞，皆附会郑卫之声，变体而作。非哀非乐，不怨不怒，得处中曲韵。譬犹善医，以饧蜜涂逆口之药，诱婴儿入口耳。"《宋高僧传》的作者赞宁，是五代到北宋初年的人，其所述很可能已是唐代相当普遍的作法。

变文在唐五代后繁衍不衰，宋时说唱音乐在市民音乐中占重要地位，延至明清，而内容则仍有宗教和世俗两部分。

唐代变文对后世说唱音乐的影响很大，同时对文学的发展，尤其是对小说的发展影响很大。在对后来宋、元、明、清时期的诸宫调、鼓子词、弹词和鼓词的影响则更为直接。同时在戏曲方面，在说白和唱词中也都反映出变文中的艺术因素和特征。因此，可以说变文是唐时期重要的文化现象，它代表了唐代音乐文化与诸多艺术形式的综合性展示。我们今天存有的变文作品是在清代光绪年间（1875—1908年）在敦煌石窟中发现的，是研究我国古代说唱艺术的宝贵资料。

知识链接

唐代大曲

　　大曲是古代大型音乐舞套曲。汉魏已有相和大曲与清商大曲，直至隋唐，经过历代的继承与发展，大曲已达到成熟阶段。

　　唐代大曲，简称"大曲"。它是在唐代民歌、曲子的基础上，继承了汉魏以来清乐大曲的传统而发展起来的一种大型歌舞曲。唐代的歌舞大典是当时最为重要、最具代表性的音乐形式。大曲的曲式，一般由"散序""歌""破"三部分组成。"散序"是一种散板的引子，以器乐演奏为主。"歌"又称"中序"，一般以抒情的慢板歌唱为主，并配有舞蹈。"破"以快速的舞曲为主，有时也配有歌唱。唐代的歌舞大曲种类之繁，数量之多，也堪称一绝。中唐崔令钦著述的《教坊记》是唐代教坊活动的重要记录，其中所记大曲有46个，一般的曲名有278个。大曲的盛行与唐代诗歌的盛行密切相关，大曲的歌词往往截取诗歌的片段，如《伊州》词取自王维的《渭城曲》。诗作中描写大曲的也颇多。如白居易《霓裳羽衣曲》，王建《霓裳辞》都是描写大曲《霓裳》的。

　　唐代大曲的艺术性，以清乐大曲为最高。唐大乐署规定，乐工学一曲清乐大曲要60天，而学习张文收作的讌乐或西凉、龟兹、疏勒、高昌与安国、天竺等大曲，只要学30天。大曲中的"法曲"，因为接近清乐的传统，其艺术性也很高。

音乐新形式：民间曲子

曲子产生于隋代，是隋唐以来音乐新形式。它与相和歌、清商乐是一脉相承的。曲子是随着唐帝国的经济发展，城市的繁荣而产生的，是从民间转到城市，经过专业人员加工而成的一新型歌曲。据王灼的《碧鸡漫志》说："盖隋以来，今之所谓曲子者渐兴。"这说明曲子始于隋朝，来源于山歌、俚巷歌谣、小曲。而曲子词就是曲子的歌词，后来成为一种抒情诗。唐代的山歌范围比较广，有船歌、劳动号子、风俗性歌舞等，都属于山歌的范畴。"山歌"一词最早出现于唐代。当时四川一代流行的"竹枝词"，诗人们称之为"山歌"。唐代的山歌有时是伴随舞蹈，用乐器伴奏而进行的。刘禹锡在他的"竹枝词"中说："里中儿联歌竹枝，吹短笛击鼓以赴节。歌者扬袂睢，以曲多为贤。聆其音中黄钟之羽。"

刘禹锡对"竹枝歌"可以说是有着独特的见解，并创作了大量的作品，如：

  杨柳青青江水平，闻郎江上唱歌声。
  东边日出西边雨，道是无晴却有晴。

曲子的另一种形式就是在城市里流行的歌曲，常被称之为"小曲"。它是直接反映城镇市民日常生活的歌曲，这种小曲是在山歌、舞曲流入城镇后，经艺人们加工改编而成的艺术歌曲。

曲子形式自由新颖，它有别于五言、七言的诗歌。宋张炎《词源》中说："自隋唐以来，声诗间为长短句。"曲子是以长短句相结合，为杂言，但也有齐言的。由于曲子新颖，富有生气，形式自由、节奏活泼，歌词接近口语，因此在当时是相当普遍的。曲子得到普及的另一个原因是，当时的诗人写诗的目的不是给人读的，而更多的是考虑给人唱的，因此，流传迅速。

唐代的曲子保存在敦煌石窟中，各种曲有80多支。歌词作者有工匠、乐工、歌伎、文人、僧侣和贵族统治者，但大多为民间作品，也有部分歌词出自少数民族之手。

关于敦煌曲子的出现：清光绪二十六年，道士王圆录在第十六号石窟清理流沙时，无意中发现一个被封闭的密室，里面堆满了一捆捆经卷、文书、织绣、画像等古代文物。这一洞室是"敦煌藏经洞"，里面藏有公元5世纪到10世纪的四万多卷遗物。数量最多的是佛经，此外还有史籍、诗词、小说、医学以及地方志、户籍、账册、历本、契据、信札、状牒等珍贵文献，其中即有《琵琶谱》《琵琶20谱字表》各一件。

这些曲子词最早属于武则天时期（680—704年），其中《风归云》《天仙子》《洞仙歌》《破阵子》《浣溪沙》《柳青娘》《倾怀乐》等13个调名，这些曲牌在崔令钦的《教坊记》一书中有记载。崔令钦是唐玄宗、唐肃宗时期的人，可见曲子在盛唐之前已在民间流行。

曲子一般用于歌唱、说唱、歌舞音乐中，也有用于扮演戏弄中（戏弄：是古代百戏中称扮演角色或表演节目的为弄）。由此看来，它已不像一般的民歌那样只用于清唱，而是和汉代以来的相和歌、清商乐有类似之处。

在当时创作方面，有两种不同形式：一是由乐定词，即"填词"；一是依词配乐，即"自度曲"。然而被填词的民歌曲调流行很广。不仅唐代曲子这样，在前代的相和歌、清商乐中也有许多利用同一曲调来描写不同内容，抒发不同感情的例子。刘禹锡在《纥那曲》中说："踏曲兴无穷，调同词不同。"后来这种一曲多用的"曲牌"，或同一"曲牌"描写不同的内容，是中国音乐中非常普遍的现象，形成独立特有的传统手法。由于乐工都是来自于民间，演唱的又是民间曲调，诗人们的新作又是从民间曲子中而来，通过这些民间音乐的曲调，推动了诗人们的创作，反过来诗人们的创作也促进了民间曲调的发展，从而造成了唐代歌曲艺术的高度繁荣。诗人们的诗作，由于入乐歌唱也得到了更广泛的传播。如李白的《关山月》、杜甫的《清明》、刘禹锡的《竹枝歌》、王之涣的《凉州词》、王维的《阳关曲》、柳宗元的《渔翁》等都是入乐

王之涣铜像

演唱的著名歌曲，有的后来被保存下来，或者作为民歌长期在民间流传。

其中，最有代表性的是王维的《阳关曲》，其影响也最广。《阳关曲》也称《阳关三叠》《渭城曲》。《阳关三叠》的最早曲谱见于《浙音释字琴谱》（1491年）也称为《大阳关》。而《阳关三叠》一曲名，见于《发明琴谱》中（1530年）为最早。现在最流行的一种是《琴学入门》一书中的（1864年）。因唱时须反复三次，每次略作变化，故称"三叠"。王维原诗为七言绝句：

渭城朝雨浥轻尘，客舍青青柳色新。

劝君更尽一杯酒，西出阳关无故人。

这首诗入乐以后有所增改，这是唐代就有的情况，不足为奇。如白居易的对酒诗中有"相逢且莫推迟醉，听唱阳关第四声。第四声是"劝君更尽一杯酒"，如果按原词此句属于第三句，可见前面一定有一增句。而在《琴学入门》琴谱中："渭城朝雨邑轻尘"一句之前加了一句"清和节当春""劝君更尽一杯酒"正是第四声。由此可见，这首曲子与唐代唱法相近。

 **羯鼓乐器的盛行**

羯鼓是一种出自外夷的乐器，羯鼓于南北朝时传入中原，最初传入时并未引起人们太多的关注，直至唐开元、天宝年间，由于受到朝廷最高统治者唐玄宗的喜爱和推崇，成为当时倍受重视的乐器——"八音之领袖"。此后，这一西域乐器在中原大放异彩。故这一时期出现了许多著名的羯鼓演奏者和独奏曲目，以及南卓的理论著述《羯鼓录》等。

羯鼓的命名应是由羯这个民族而得来。"羯"本为一古族名，源于小月氏，曾附属匈奴。魏晋时，散居上党郡（今山西潞城附近各县），与汉人杂居。但日本学者林谦三先生以及陈驹先生对羯鼓源于羯族均持反对意见，并认为："羯鼓实为天竺系胡乐所特有的乐器，其发源地大约就是天竺，即古印度。羯鼓最初是通过羯人而传入中原内地的，羯人乃是汉人得识此

鼓的媒介。"

羯鼓为直筒型皮革膜鸣类乐器，鼓面皮革以绳牵之，根据乐曲的需要调节其鼓的音高，这就说明羯鼓中的绳在羯鼓演奏中的重要性。敦煌壁画中所绘羯鼓图多为鼓身上束有鼓绳的羯鼓，关于羯鼓有绳无绳学术界有两种观点。1995年《人民音乐》第7期上发表了周宗汉先生的观点，他认为："连接两面鼓皮的四周，还用各种彩色的丝线拉联，用铁圈箍住面皮，使之张得更好，有助于定音。"然而记载羯鼓最为详细的《羯鼓录》，则没有说明羯鼓有无绳的问题，其他有关记载羯鼓形制的文献尽管很多（诸如《旧唐书》《通典》《文献通考》等），也都未提及羯鼓绳的使用情况。

推断羯鼓基本上应有两种形制：一为直筒状，极为少见；一为直筒且缚以绳索，为羯鼓通制。

选择演奏羯鼓的鼓杖（即槌）的材料使用是非常讲究的，需要质干、紧密，耐潮湿，并且要用柔腻、有韧性的材料，因为材料越干发音越响亮，而有韧性就会不易折断。一般选用檀木、狗骨等材料制成。此外还有花楸，楸为落叶乔木，树干端直、木材细致、耐湿，也是制作鼓杖的好材料。

此外，敦煌壁画中还有用左手持杖右手拍击的演奏方式（敦煌壁画112窟金刚经变南壁西侧所绘图形即是此种演奏方式），南唐宋齐丘的《陪华林园试小奴羯鼓》中描写的也是左手持杖，右手拍击的打法。另外，敦煌莫高窟第85窟伎乐百戏图中还有一种不用鼓杖，只用两手左右打击的演奏方式。

羯鼓声音紧凑短促，尤擅长节奏明快的豪迈曲风，同时亦擅长晚景抒情之小碎乐章，张祜《华清宫四首》便是对其"晚景抒情"的最佳描写："宫门深锁无人觉，半夜云中羯鼓声。"于半夜羯鼓声中尽透凄凉之情。羯鼓的声音有西域鼓声独特的韵味，表现了西域少数民族独特的审美情趣，不仅得到中原人民的广泛喜爱，也使羯鼓的演奏技巧得到了高度的发展。

两杖左右击鼓是羯鼓最基本的演奏方式。丰富的演奏方式和绚烂多彩的音色,都是羯鼓艺术走向巅峰的重要因素。

隋唐宫廷"燕乐"

隋唐时宫廷宴享活动中所用乐舞,称"宴乐",一般习惯称之为隋唐"燕乐"。这种"燕乐"概念,并不包括郊庙祭祀用乐的含义在内。《旧唐书·音乐志》所记享宴用乐的范围是很清楚的,称"高祖登极之后,享宴因隋旧制,用九部之乐,其后分为立、坐二部。今立部伎有《安乐》《太平乐》《破阵乐》《庆善乐》《大定乐》《上元乐》《圣寿乐》《光圣乐》、凡八部。……坐部伎有《燕乐》(概念上指狭义的燕乐,内设《景云乐》《庆善乐》《破阵乐》《承天乐》四部,与以下五部共为九部乐舞。—注)、《长寿乐》《天授乐》《鸟歌万寿乐》《龙池乐》《破阵乐》,凡六部。"

燕乐中立部伎与坐部伎的区分,得之于宫中音乐机构管理与教习乐舞的分类,根据不同的乐舞表演方式,从教学与管理上以分别对待。如《旧唐书·音乐志》所记,"《安乐》等八舞,声乐皆立奏之,乐府谓之'立部伎',其余总谓之'坐部伎'。则天、中宗之代,大增造坐、立诸舞,寻以废寝。"此记载透露,坐、立部伎的区分,是出于乐府教学与管理的需要。在武则天与唐中宗时期,宫廷一度"大增造坐、立诸舞",这也从一个侧面反映宫廷音乐机构中教习此类乐舞的频繁。

隋唐宫廷燕乐中的坐部伎、立部伎,是根据演奏形式进行划分的燕乐

195

组织形式,而另一种组织形式则是以地区来源作为划分的依据,即所谓的"七部乐""九部乐"和"十部乐"。燕乐的组成,其音乐大致融汇了三方面的音乐源流。其一是沿着汉族传统音乐发展脉络不断沿革,并在隋唐得到继续传承的清商乐;其二是自十六国、南北朝至隋唐时期,主要沿着丝绸之路传入的西域各国音乐,其中以龟兹乐为典型代表;其三,是在民族文化的交流中,传统音乐与外族外域音乐相互汲收、融合而形成的新乐种,如西凉乐。这也部分表明了当时宫廷燕乐的音乐教育行为是以多种方式和多种渠道展开的。另外,燕乐包括有声乐、器乐、舞蹈乃至散乐百戏等各种体裁样式,因此燕乐中的音乐教育活动,可以称得上是当时社会音乐教育的缩影。

在当时宫廷的燕乐教习中,由于不同体裁和来源的音乐歌舞在演出中有更多的交流,其中的融合也是必然的。《旧唐书·音乐志》记"自《破阵乐》以下,皆擂大鼓,杂以龟兹之声,声震百里,动荡山谷";又记"自周隋以来,管弦杂曲将数百曲,多用西凉乐。鼓舞曲多用龟兹乐";"自《长寿乐》以下,皆用龟兹乐。唯《龙池》备用雅乐而无钟磬"。这是坐部伎与立部伎中的情况。当然,这种融合,主要是在宫廷,并且也是以乐队配器上多用龟兹乐器为其特点。

由隋至唐,宫廷中以不同来源和传承系统组成的乐部,有隋开皇初的"七部乐",大业中的"九部乐"、唐武德初的"九部乐"与贞观六年的"十部乐"。有关其来源、传承与沿革,据《隋书·音乐下》载:"始,开皇初定令置七部乐:一曰'国伎'、二曰'清商伎'、三曰'高丽伎'、四曰'天竺伎'、五曰'安国伎'、六曰'龟兹伎'、七曰'文康伎'。又杂有疏勒、扶南、康国、百济、突厥、新罗、倭国等伎。"由此可知,在正式定下的七部乐之外,仍有六个不同地域的伎乐。同书又记:"及大业中,炀帝乃定'清乐'、'西凉'、'龟兹'、'天竺'、'康国'、'疏勒'、'安国'、'高丽'、'礼毕'（《新唐书·礼乐志》："《文康乐》一曰《礼毕》"），以为九部。"据《旧唐书·音乐志》："高祖登极之后，享宴因隋旧制，用九部之乐，其后分为坐、立二部。"当时的九部乐还未有"燕乐"，"燕乐"（狭义概念）只是坐部伎中一部，仅含《景云乐》等四部乐舞。又据《旧唐书·音乐志》，"太宗平高昌，尽收其乐。又造《燕乐》，而去《礼毕》。今著令者，惟此十部。"这是讲，直至唐太宗，才削去原承隋九部乐中的《礼毕》（即《文康》），由此才有"十部乐"。"这里讲的"十部乐"，开始包括有"燕乐"。《旧唐书·音乐志》记"（贞观）十四年，有景云见，河水清，张文收采古《朱雁》《天马》之义，制《景云河清歌》，名曰'燕乐'，奏之管弦，为诸乐之首。元会第一奏是也。"后张文收又加上《庆善乐》《破阵乐》《承天乐》这三部皆与歌颂唐太宗有关的乐舞，合称为"燕乐"，用于坐部伎与"十部乐"之首。

显然，这些乐部在隋唐历朝的传承，主要是依靠宫廷音乐机构内的音乐教育行为而延续下来的，各乐部中乐曲、乐器的组织表演和各种技艺的传授，都可视为当时宫廷燕乐教习的主要内容。

 **唐代的音乐机构**

经过魏晋南北朝的动荡纷乱之后，再由隋入唐，中国封建社会进入了鼎盛时期，成为当时居于世界前列的文明国家。随着社会的安定、经济的发展、各族文化的交流，文学艺术也呈现出一派百花争艳、绚丽多彩的气象，

音乐在其自身的发展史中则进入了第二个高潮。

唐朝开国之初，唐高祖李渊就设立了教坊。教坊归太常寺领导，因设在禁中，故称"内教坊"。开元二年（714年）又置内教坊于蓬莱宫侧东内苑，同时在禁城之外，设立左右教坊二处，洛阳也设了两处，均称"外教坊"。外教坊由宫廷委派内监担任教坊使，不归太常寺领导。教坊使以下又设副使、都知、色长等职。都知为伶人的首领；色长为各类乐器演奏者的头目，因每种乐器称为一色，故名。教坊既是学校，又是剧团，一方面培养人才，一方面排练演出，包括器乐、歌唱、舞蹈和其他各类节目的习演。

教坊中的女乐人通称"妓女"。妓女分内人、宫人、弹家和杂妇女。内人是姿色和歌舞都很出众而被选入宜春院的乐人，她们经常在皇帝面前演出，又叫"前头人"，因其技艺高超，在舞队中常居于前排或队尾等显要地位，完成难度较大的表演，"宜春院亦有工拙，必择尤者为首尾。首既引队，众所属目，故须能者，乐将阕，稍稍失队，余二十许人舞，曲终谓之'合杀'，尤要快捷，所以更须能者也。"内人在服饰上也与众不同，她们有资格佩带鱼袋，鱼袋原是官吏装鱼符的袋子，内人佩带它，以标示身份。在待遇上，内人则有与亲人见面的机会，每月二日和十六日，母亲、姐妹中的一个人可以到禁中看望她们，碰上生日，女性家属都可以来。内人中又有特别受到皇帝宠爱的，称为"十家"，十家由皇帝赐给住宅，待遇最为优厚。

宫人地位次于内人，住在云韶院，故又名"云韶"，多为属官平民之女，故亦称"贱隶"。她们不但姿色技艺不如内人，服饰上也有显著差别，"佩琚居然易辨。内人带鱼，宫人则否。"

弹家专习乐器，属于乐队成员，"平人女以容色选入内，教习琵琶、五弦、箜篌、筝者，谓之弹家。"她们的地位又在宫人之下。

杂妇女指谓不明，有人认为是内人和宫人的见习女弟子，有人认为是有各种技艺特长的千差万别的女子。但有一点可以肯定，杂妇女地位最为低下。

另一音乐机关是唐玄宗在开元二年（714年）设立的梨园，因地在禁苑梨园之中，因此得名。梨园以教习法曲为主，当时有名的乐工李龟年、雷海青、黄幡绰等都是其中的成员。梨园由唐玄宗亲自担任指挥和导演，因此其乐人被称为"皇帝梨园弟子"，亦称"梨园弟子"。弟子的成分，有太常寺乐工、宫女、妓女、乐童等，其人数，据《新唐书·礼乐志》载：坐部伎子弟有三百，宫女数百，总人数大约近千人。

在禁苑之外，还有两个梨园，一个属西安太常寺领导，叫"太常梨园别教院"，另一个设在洛阳，称"梨园新院"。安史之乱以后，梨园衰落，再没有以前的面貌了。

除教坊与梨园外，另有大乐署、鼓吹署两个音乐机关。

这些音乐机关的乐人被称为"音声人"，《新唐书·礼乐志》载："唐之盛时，凡乐人、音声人、太常杂户子弟隶太常及鼓吹署，皆番上，总号'音声人'，至数万人。"足见当时音乐专业队伍的庞大，如果将社会上的乐人算在一起，规模就更加可观了。

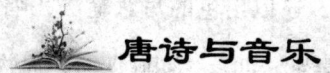

唐诗与音乐

有人做过这样一个比喻：诗是一只鸟，而音乐则是鸟的翅膀。诗有了音乐的翅膀，才会振翼凌空，遨游四海。且不管这个比喻是否恰当，它至少

说明了诗与音乐的天然的、密不可分的、骨肉相连的关系。

在盛唐时期,国内政治生活与经济的相对稳定和发展,促成了我国封建文化高度繁荣期的到来。提到这一时代,人们便会立刻联想到这一时期文学艺术的顶峰和代表——唐诗。的确,当时国家以文取士,文人以诗扬名,诗的创作无论在数量上和质量上都达到了空前绝后的程度。经过时间的严格淘汰,现在仍能读到约五万首当时的诗作,真可谓之"诗海"。

但是,在吟咏这些美丽的诗章时,人们却常常忽略这样的一个事实,即当时这些诗的流传在很大程度上是借助了音乐的翅膀。那时的诗有很多是能歌唱的,是诗,也是歌。

唐时被宫廷乐工所演唱的乐府新词,大都是五言、七言绝句。李白、王维、王昌龄等人的绝句,深受乐工的欢迎和喜爱,并通过乐工的演唱而迅速流传开去。当时,由于乐工人数的众多和音乐生活的丰富、繁荣,到处都需要好的歌词,正如白居易在他的一首诗中所写的那样:"文场供秀句,乐府待新词。天意君须会,人间要好诗。"

唐朝伟大的诗人李白,不但自己很会弹琴,而且曾专为歌唱而供奉诗章。他"宿醒未解"赞美杨贵妃姿容的"清平调"三首,就是奉旨写作的歌词。"梨园弟子"当即"约略词调、抚丝竹",并由著名歌手李龟年演唱。那"云想衣裳花想容,春风拂槛露华浓"的美妙词句,由李龟年同样美妙的歌喉唱出来,曾使深通音乐的唐玄宗和杨贵妃非常满意。

在他的一些歌词中,还以出色的写意笔法,唱出了普通人民的喜怒哀乐。比如他写的《子夜吴歌》四首,明咏四时之风物,实抒百姓之衷肠,令人读之心热,闻之断肠。如《秋歌》:

长安一片月,

万户捣衣声。

秋风吹不尽,

总是玉关情。

何日平胡虏?

良人罢远征。

　　歌词的风格是清绮的,像江南淡淡的月色。音乐的风格似乎也是清绮的,是属于清乐系统的"吴声歌曲"。《古今乐录》中记载"吴声歌"的伴奏乐器似以弹拨乐器为主,吹乐器为辅,有篪、箜篌、琵琶、笙、筝等。可以想见演唱时吴音软软、琵琶款款的秀丽风味。

　　著名的诗人兼画家王维,同时也是一个优秀的音乐家,他曾经担任过主管音乐的"太乐丞"的职务。据说,他很小的时候便能弹一手好琵琶。在有一年的春天,歧王曾带他到宫中去,他扮成一个弹琵琶的伶人,当众演奏,他弹的一首叫作《郁轮袍》的琵琶曲,曾大受赞赏。他的五言绝句"红豆生南国,春来发几枝?愿君多采撷,此物最相思"和他的绝句"清风明月苦相思,荡子从戎十载余。征人去日殷勤嘱,归雁来时数附书",以及著名的《阳关三叠》,都得到梨园乐工的演唱和广泛的流传。他的诗,不但在开元天宝年间被广为传唱,就是在他死后,人们还在留恋着他所写的诗章歌曲。唐代宗就曾和他的弟弟王缙说:"你的哥哥在天宝年间诗名盖世,我常常在诸王府中听到他的乐章",并向王缙索要他的作品。过去,人们在称赞王维的诗画时说他"诗中有画,画中有诗",我们现在虽不能再听到王维本人的演奏和他所写歌曲的演唱,但我们猜想,在他的乐声中,也会有"画"和"诗"的。

　　更为难能可贵的是,一些有进步思想的诗人,还能够继承屈原的优秀传统,向民间音乐学习、并能用民间音乐的形式,创作大量的音乐文学。讲过"请君莫奏前朝曲,听取新翻杨柳枝"的刘禹锡,就是这样一个重视民

201

间音乐，注意向人民的创作学习的诗人。他在参加"永贞革新"失败后，被贬朗州。当地劳动人民清新活泼的民间音乐，给了他很深的影响，他曾经模仿当地民歌的形式，写了十几首"竹枝词"，让老百姓演唱。他写的歌词《浪淘沙》，以新鲜生动的语言，描绘了一幅妇女劳动的场面，揭露了封建社会中人剥削人的丑恶现象，说出了一切社会财富都是劳动人民的创造，而统治阶级的一切，都是建筑在对劳动人民残酷压迫上的这样一条真理：

日照澄洲江雾开，
淘金女伴满江隈。
美人首饰侯王印，
尽是沙中浪底来。

唐朝，是诗的海洋，也是音乐的海洋。诗与歌相映成辉，构成了中国封建文化的亮丽风景。

扩展阅读　唐代的参军戏

参军戏也称"滑稽戏"，又叫"弄参军"。这是从开元时期兴盛起来的一种表演技艺。其来源说法不一。

如果说，唐代的歌舞戏是继承前代的乐舞传统而形成，那么参军戏乃是继承了秦汉以来俳优们那种幽默讽刺的传统而逐步发展起来的。而且，唐代歌舞戏和参军戏，在其发展过程之中，还相互影响，趋向于综合。

参军戏一般由两个演员表演，一名"参军"，一名"苍鹘"，相对问答责难，以滑稽讽刺为主；或有简单情节或有即兴表演，最后总是以饰"参军"者错误百出，由饰"苍鹘"者痛打"参军"而收场。这种演出形式有点类似现代的"相声"，"参军"逗哏，"苍鹘"捧哏。所不同的是，参军戏系通过人物装扮，按一定的情节进行表演。据有关记载，借助参军戏的表演，除了讽刺当时的贪官污吏，对帝王圣贤也敢作尖锐的嘲讽。如唐代太和年间，宫廷里就曾演出过"弄孔子"（即所谓"三教论衡"），由于对这位"至圣先师"以及释迦牟尼和太上老君嘲弄备至，终使皇帝不得不"亟命驱出"，并下令禁止再演。

参军戏也并非只限于逗乐，唐代中叶已逐渐地融合了歌舞成分。诗人元稹廉访浙东时，曾看到来自扬州的艺人弄"陆参军""歌声彻云"，元稹赠女艺人刘春采的诗有"选词能唱望夫哥"之句。还有，在薛能的诗里也有"女儿弦管弄参军"的颂句。这就可以看出，参军戏在民间广泛的流传中，得到了不断地发展。它不仅容纳了歌舞，成为有唱有白，而且还有女艺人参加演出。

戏曲艺术原始的"脚色"分行，也伴随着"参军戏"而开始形成，即"参军"成了戏曲中的"净"，"苍鹘"则成了戏曲中的"末"。

第十章

华丽逆袭
——开放多样的隋唐生活文明

唐代是中国在国家史和世界史上的极盛时期。唐代不仅经济文化空前繁盛,而且人们的生活也丰富多彩。一些习俗对后世也有较大的影响,甚至流传到现代。

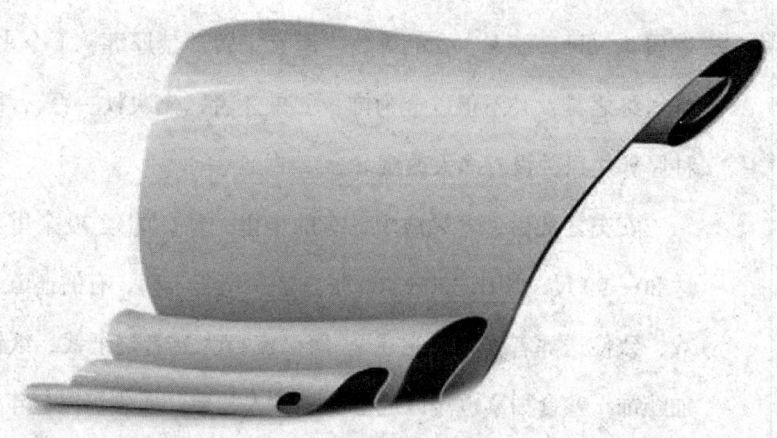

 唐朝风行厚葬

厚葬的观念在中国丧葬文化中一直占绝对支配的地位，是古代中国的主流丧葬观。自新石器时代至清末民国，厚葬之风绵延不断，其间，经历了商周、秦汉、唐宋和明清四大高潮。之所以厚葬观在古代中国占绝对优势，主导中国古代的丧葬民俗，它与古代中国的宗教信仰、伦理道德、政治和经济制度等有着极为密切的联系。

唐代，王公贵族、大小官吏及一般平民死后都实行墓葬并风行厚葬。

唐代丧祭，多依循古礼，有发丧、出孝等程序。唐坟墓规格依身份不同，差别悬殊。如规定一品"陪陵"大臣"坟高四丈以下，三丈以上"；一品官坟高1丈8尺；庶人墓高4尺等。皇陵规模多宏伟巨大。

唐代厚葬之风十分严重。"王公百官，竟为厚葬……破产倾资，下兼土俗"。葬时，偶人像马，雕饰如生。归葬途中，设有路祭，道旁设帐，内置假花、果、粉人、食品等物。唐玄宗曾严禁厚葬，下令丧事"务从简约，凡送终之具，并不得以金为饰，如果违者，先决杖一百"，即使如此，但这种厚葬之风并没有多大改观。

安史之乱后，奢风愈炽，有的半里一祭，绵延20余里。帐幕大者竟高达80—90尺，用床300—400张。祭品精美丰盛，有的还雕木为鸿门宴等古戏，致使送葬者"收哭观戏"。唐已流行为死者烧纸钱，纸钱堆积如山，盛加雕饰。寒食扫墓也浸以成俗，并编入礼典。服丧仍以三年为限，若非遇到战事等特殊情况，不可从权。

　　唐代的帝陵和"号墓为陵"的陪葬墓，在地面上有陵园建筑，它的坟丘作覆斗形；一般陪葬墓和大型墓的坟丘则多作圆锥形。绝大多数墓葬是洞室墓，里面有墓室与墓道，部分墓在墓室和墓道之间有甬道。大型墓往往还开凿有天井和壁龛。墓室一般有两种，即土洞与砖室。土洞墓的墓主一般为平民或下级官吏，砖室墓则属高级官吏和皇室成员。较大型的墓都绘有壁画。唐代墓葬的随葬品丰富，可见当时各种手工业和工艺美术是相当发达的。

　　墓室中，土洞墓的形制先后有明显的变化。初唐时的墓葬，墓室平面多作方形或长方形，墓室为东西宽、南北窄的横室；而盛唐与中晚唐时的墓葬，长方形墓室逐渐增多，横室墓则已消失。砖室墓的形制从初唐到晚唐变化不大。墓室平面作方形或近似方形，四周多为中部略向外凸或稍向外张而呈弧形。

　　唐代墓葬中的壁画，反映了唐代达官显贵们的豪华生活以及当时的社会风尚等等，体现了唐代的绘画水平。

开放性感的唐朝女服

唐代女子的装束的确开放性感、美艳妖娆。有诗为证:"舞袖低徊真蛱蝶,朱唇深浅假樱桃。粉胸半掩疑晴雪,醉眼斜回小样刀。"

隋至唐初,女子服式以窄袖襦衫加长裙为主要特点。隋代的窄袖襦衫主要在青年女子中流行,至唐受西域文化的影响流行更加广泛。这一时期襦衫的颜色最为流行的是红色和紫色,黄色、白色次之。襦衫上多绣有纹饰。另有一种袒胸套头衫,在盛唐时非常时髦,无开襟,分窄袖和宽袖两种,原为宫中乐女和宫女的服装,后来也受到贵族妇女的喜爱。

隋唐时女子的长裙很有特色,裙身极长,裙腰一直束到胸上。裙体用几幅布帛缝制而成,就称为几破裙,有"六破""七破""十二破"之分。初时裙身较为窄瘦,中唐以后越来越宽肥。长裙的颜色以红、紫、黄、绿、青、白为多,特别是红色最为流行。裙子上面织有或绣有各种花纹,并垂一双裙带,带上也绣有花纹。由于裙腰束至胸部,对于裙腰的装饰就显得更为重要,有的使用阔裙腰,并用金银线加以装饰,甚至有将裙腰以上部位全部袒露的。

这一时期女服中还有一种裥裙,是用两种不同颜色的面料交错相隔缝制而成的,颜色多为朱绿、朱黄、黄白相间。穿这种裙子时,里面多穿小口条纹裤,下着软锦靴履。这种服式大约是从西域或波斯传入的。

盛唐时期,贵族妇女中还流行花笼裙和百鸟裙。花笼裙是用单丝罗制成的一种短筒裙，罩在别的裙子外面穿用。单丝罗轻软细薄，呈半透明状，上面用金银彩线绣上各种花鸟，有很强的装饰效果。百鸟裙是用各种鸟的羽毛捻线同丝一起织成的面料制作的，这种裙子从正面看、从旁边看、在阳光下看、在阴影里看，颜色各不相同，有一种奇幻的色彩。这两种裙子价值都很昂贵，只有贵族妇女才穿用得起。

胡服传入中原至唐已有好几百年的历史，但是真正在女子时装中占据重要地位，是在初唐至盛唐的一段时间内。这是同西域文化的大量传入分不开的，特别是西域各民族舞蹈的传入，对胡服的流行产生了很大的推动作用。出于对胡舞的崇尚，民间女子争相仿效胡女的装扮，以胡服为美。她们头戴胡帽，身穿翻领或圆领的对襟窄袖长袍，领口襟边有绣花宽边，内着有条纹的小口裤，脚穿尖头的绣花软履或半腰软靴，腰间束蹀躞带，从西安唐墓出土的石刻、陶俑中可以看到很多这种装扮的妇女形象。

除此之外，隋唐妇女骑马之风非常盛行，在马上往往穿着一种叫作幂䍦的服装，大约是为了遮蔽风沙，其样式像一种连帽斗篷。这种服装在北齐时即已传入中原，武则天之后逐渐被淘汰。

在胡服流行的同时，女着男装也非常流行。先从宫中开始时兴，后来民间女子也争相仿效，成为一种风气。其中有很多是兼穿胡服和汉族男装的，如头戴幞头，身着胡服的装束即是。

中唐以后，窄袖长裙逐渐为大袖宽裙所替代。到晚唐时，襦衫的袖子已加宽了许多，超出了服制的限制。文宗时曾下令妇人襦袖不得超过1尺5寸，可是竟不能实行。江淮一带的民间女子的衫袖有达到4尺的。至五代时，大袖已形成一种风气。

唐代是我国封建社会历史上非常开放的一个时代，这一点从唐代女服中就可以反映出来。唐代女子有一种以大袖纱罗衫配长裙的装束。长裙束至胸上，透明的纱罗衫内不穿内衣，胸部以上及肩部隐约显露，大袖长可

及地。这种坦胸露背的服式在中国封建时代是非常少见的。

隋唐妇女的发髻式样和首饰更加多样，发髻名称见于记载的达 40 种以上。唐代高髻极为流行，有的髻式竟高达 1 尺。可以推想，这种髻式如果不加假发是很难造型的。假髻在唐代称义髻，用铁丝加发编织而成，杨贵妃就常戴义髻。还有一种假髻是用薄木制成髻式，上面缀以珠宝或施以彩画，称作"木髻"。其他比较流行的髻式还有：堕马髻、凤髻、螺髻、反绾髻、乌蛮髻、同心髻、侧髻、囚髻、椎髻、抛家髻、双髻等。髻上插花称为花髻，缀以花钿、簪钗等首饰称为宝髻。髻作中空称为鬟，鬟的形式有高低大小之分，多为双鬟，是年轻女子的发型。除名目繁多的发髻之外，唐代妇女对鬓角的修饰也很讲究，分为圆鬓、丛鬓、松鬓、蝉鬓、小鬓等多种式样，有大小、厚薄、疏密之别。

装饰发髻的首饰有梳、篦、簪、钗、步摇、翠翘、珠翠金银宝钿、搔头等，也有在脸部贴花钿作为装饰的。

 **典雅端庄的唐代男装**

唐代一般男子的服装以袍衫为主，其结构形式在秦汉和魏晋时期袍服的基础上，又掺揉了胡装风格，其款式特点为圆领、窄袖，领、袖、裾等部位不设缘边装饰，袍长至膝或及足，腰束革带。袍衫在唐代穿着普遍，帝王常服及百官品色服均为袍式，一般士庶亦可穿着，但服色受限，故多穿白色袍衫。

胡装在中原地区流行，自战国始至唐代达到极盛。盛行胡装的原因同唐代社会文化的开放性和包容性有关，从出土的唐代士俑、唐三彩及壁画中，到处可见身着胡服的人物形象。

　　唐代男子普遍穿着的服装除袍衫、胡装外，还有半臂。半臂是一种半袖上衣，原为隋内官服装，后四方效仿，唐时流行于民间。其形式为合领、对襟、半袖、衣长至膝，常春秋穿着。

　　唐代男子的首服，以幞头巾帽应用得最广泛，为这一时期典型首服。幞头是一种经过裁制的四脚巾帛，前两角缀两个大带，后两脚缀两个小带，戴时将前面两脚包过前额绕至脑后结系在大带下垂着，另外两角由后朝前，自下而上收系于脑顶发髻上。

　　隋唐男子的主要服式是圆领袍衫，不分贵贱，均可穿着。一般为圆领、右衽、领口、袖口和衣襟没有缘边。袍衫的长度不尽相同，文官所穿稍长，至足踝或及地；武官所穿略短，至膝下。袖子宽窄随时尚而变化，一般来说比较紧身合体。有一种类似深衣形式的袍衫，上衣下裳相连，膝部加一道横襕，称作襕袍或襕衫，为士人的礼服，也用作官员的常服。另外，还有一种缺胯袍衫，是杂以胡服的特点形成的一种服装样式。袍衫两胯开气，内穿小口裤、短腰靴，便于骑射、劳作。除用作军旅服装外，也广为庶人所穿用。

　　袍衫款式区别不大，服色却很有讲究。黄色是隋代的流行色，最初是平民百姓常用的服色。后来，帝王、百官都时兴穿着黄色袍衫出入宫廷，同平民百姓的服色无法区分，于是，唐代便开始限制黄色的使用范围，经多次的申令禁止之后，黄色便逐渐成为皇帝的专用服色，"黄袍加身"也就成为登上皇位的代名词。

　　唐代官员品服依级别有不同的颜色规定，一般士庶多着白色或黄色。自黄色被禁止穿用后，便以白色为主了。

袄是一种较短的内服，有各种颜色，有的还绣有图案，因为是穿在里面的，所以颜色的使用比较随便，后来由于受到服制的限制，不同级别的官员要穿用不同颜色和纹样的袄。有一种缺胯袄原为武官所穿用，自唐太宗开始在立冬日加穿小缺胯袄，以御寒冷，遂成为定制。袄为内服，所以历代保留下来的形象资料很少。袄应该是随季节而有单、夹、绵之分，面料随穿用者的身份贵贱而有所不同。

裤褶服在隋代仍很流行，隋炀帝以百官从驾，他们都穿裤褶服。唐代则成为官员朝见时的服装，至晚唐才被废除，隋唐的裤褶服和魏晋南北朝差不多，只是衽的左右不同，魏晋南北朝多左衽，隋唐多改为右衽，以合乎汉族的生活习惯。

中唐以后，男子服式开始有所变化，出现摆脱胡服影响，恢复汉族服装宽衣大袖传统的趋势，这种变化在江南一带更为明显。至唐末五代时，大袖袍服已经定型，并一直延续到宋明两代。不过，这种服装样式的变化主要反映在上层社会及富商巨贾中，一般平民百姓仍以窄袖短衣为日常服式。

知识链接

隋唐星图进入日常装饰

隋唐时期的天文学发展很快，取得的成就也是喜人的，恒星观测体系的完善使得人们有更多的机会了解天上的恒星，同时也使得星图进入日常装饰。

星象知识的普及可以从敦煌藏经洞中发现的星图以及唐代和五代时期的墓室星图看出，现今知道的一些唐代墓室星图多为表意性的，属于唐代早期的李寿墓的星图有带三足鸟的日像与有摇树玉兔的月像，分别绘于两端，中间有分叉的天河、天河两旁是缀满星点的星空背景；唐懿德太子及其妹永泰公主墓以及章怀太子墓室中也有类似的灭象图，其用意不得而知，可能是为了使死者免于在永久的黑暗之中，让他们继续生活在有日月星三光照耀的环境之中吧！但是位处边陲的新疆阿斯塔那墓室星图，除日月以外周围还有二十八宿的形象，银河位于中央，这幅唐代的墓室星图虽然也是表意性的，但是星点已不是随意点上去的，二十八宿图案经艺术化处理显得十分齐整，然而各宿的形象仍很易辩认，可见当时星象知识的普及程度。此外，出土的唐代铜镜上也有二十八宿图案，这是上层社会的日常用物，反映出工艺设计匠人的天文知识水平。

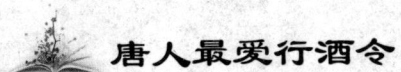
唐人最爱行酒令

　　在中国游艺史上，有唐一代，"酒令最盛"。唐代酒令，无论从形式、组织、体制还是从内容上看皆是前代所无法比拟的。据现今所存的资料可以看出，唐代酒令已由前代简易式样演进为繁难格局，其体制已臻完备。唐代酒令纷繁多彩，约有20余种，如藏阄、藏钩、手势令、指巡胡、卷白波、抛打令、筹令、骰子令等等，并产生出现存最早的一部酒令专著《醉乡日月》。

　　藏钩、藏阄属于酒令中的猜枚类。藏钩起于汉代，到唐代仍然盛行。这时藏钩游戏已不是用玉钩来做游戏，而是行酒令的人取些小物件，如棋子、瓜子、钱币、莲子等握于手中，让人猜测，一猜单双，二猜数目，三猜颜色，中者胜，负者则罚饮酒。藏钩的猜法，主要是要善于心理分析，察对方

之言，观对方之色，以断定物件所藏处。唐人段成式《酉阳杂俎》中记载：他曾在荆州宴请朋友，宴间行藏钩酒令。有位名叫高映的举人擅长藏钩，每猜必中。段成式向他请教其中的奥秘，高映说：藏钩要察言观色，如同察访盗贼一样。藏钩在民间很流行，通常在每年的正月进行。

藏钩在宫廷中仍然盛行。李白《宫中行乐词》中有"更怜花月夜，宫女笑藏钩"的诗句。不过藏钩游戏到了宫廷中，便成了一种博戏，有赌注，有时赌注极大。参加藏钩的人多达几百人，每方以100人为限。敦煌写本中的《宫廷诗》云：

> 欲得藏钩语多少，嫔妃宫女任相和。
> 每朋一百人为定，遣赌三千匹彩罗。

又云：

> 口雷高语任争筹，夜半君王与打钩。
> 恐欲天明催促漏，赢朋先起舞缠头。

藏阄起源于"藏钩"，是藏钩的一种衍化形式，两者相似但有所区别。"藏阄"法令已失传，从"阄"的字义来推测，"藏阄"应是猜握在手中写在纸片上的阄。唐代彦谦在《游南明山》中称"阄令促传觞，投壶更联句"。诗人顾瑛也有"分曹赌酒诗为令，狎坐猜花手为阄"。可见，"阄令"，就是用阄来行酒令，如用酒筹之类。

手势令，就是现在所称的"猜拳""划拳"。其方法是两人相对同时出手，各猜所伸出手指之合计数，猜对者为胜。手势令最迟到唐代已经产生。晚唐人皇甫松著有《醉乡日月》，对唐代的酒令作了较为全面的介绍，是现存最早的一部酒令专著,具有极高的文献价值。皇甫松记载道,当时人在宴饮时行手势令。五指与手掌指节各有名称,称手掌为虎膺,指节为松根,大指为蹲鸱,食指为钩戟,中指为玉柱,无名指为潜虬,小指为奇兵,腕为三洛,五指通称为五峰。规定后者胜过前者。饮酒时,两人同时出指,视所出的是哪一指,以定输赢。可见,至迟到唐代晚期,手势令已产生。到五代时,手势令已流行。《五代史·史宏肇传》记载:"(史宏肇)会饮三司使王章第,酒醉为手势令。"后来的"猜拳""划拳",即由"手势令"演化而来。由于"手势令"明快简捷,通俗易行,逐渐成为一种最流行的酒令游戏。

酒令中,除了用手行令外,还有多种利用某种游戏用具行令的酒令。其中最主要的"骰子令""抛打令"和"指巡胡"都产生于唐代。虽然,早在汉代,中国传统的12面体"骰子"已经用于饮酒游戏,但作为酒令之一的"骰子令"则产生于唐代。皇甫松《醉乡日月》卷三的"骰子令",原文已佚。但在其他卷中,也有不少有关"骰子令"的记载。他说:"大凡初筵,皆先用骰子,盖欲微酣,然后迤逦入令。"可见,骰子令是当时以掷采决定饮酒次序的基本形式,往往为其他酒令的开锣戏,起着活跃酒筵欢乐气氛的作用,诚如白居易有诗云:"醉翻衫袖抛小令,笑掷骰盘呼大采。"

抛打令是一种歌舞化的酒令,它比骰子令出现得晚,到盛唐之时才诞生。唐及五代人诗中常有"抛打令"的句子。白居易诗云:"香球趁拍回环匼,花盏抛巡取次飞。"徐铉诗云:"歌舞送飞球,金觥碧玉筹。"《太平广记》也记载崔氏女弟"每宴饮,即飞球舞盏,为佐酒长夜之欢。"综上所述,可以看出行抛打令时,伴以乐曲,先以香球或花盏回环巡传,待到乐曲停止时,中球或花盏者应起舞歌唱。

指巡胡,一名"酒胡子",是唐代宴饮时的一种行令工具,模样像个小人,上头细,下头粗,底部尖。饮酒时,把它放在盘子里,用手转动便成旋

转舞蹈之状。当它停下来时，它的手指向谁，谁就饮酒。唐代诗人元稹有《指巡胡》诗说："遣闷多凭酒，公心只仰胡。挺身唯直指，无意独欺愚。"吟咏的就是"酒胡子"。

筹令是中国酒令体系中重要的一类。筹，就是酒筹，既可用来记数，又可在酒筹上注明行令的具体内容，依筹行令。唐代元稹《何满子歌》有"牙筹记令红螺杯"之句中，"牙筹记令"就是指作为筹令之用的酒筹，其上刻有令辞，人们依令辞而定饮酒数量。白居易《同李十一醉忆元九》诗云："花时同醉破春愁，醉折花枝作酒筹。"用花枝作酒筹则是用来记数的筹。

筹令兴起于唐代，这不仅见于诗文记载，而且还出土了珍贵的酒筹实物足资佐证。1982年，在江苏省丹徒县发现了一套盛唐时期的"论语玉烛"银涂金酒令用具，包括：令筹50枚，令旗一面，龟负筹筒一件。令筹呈韭菜叶形云头脚，每根酒令筹上，上段刻《论语》一句，中段是附会其义指出在座应饮酒的人，下段则是有关罚则的具体内容。比如，"瞻之在前，忽然在后。来迟处五分"。赴会不准的人，要罚五分（十分为一杯）酒。又如："出门如见大宾，劝主人五分。"意思是说主人盛情接待宾客，所以要劝主人饮酒。从令筹上的令辞知道，其玩法有四种：劝酒、罚酒、自饮、放过。参照历史文献上的记载，这套筹令的玩法是这样的：令官先饮令酒一杯，然后从筹筒中掣取筹令一枚，当众宣读令辞，依令辞规定让某位饮酒，某位饮酒后再掣筹，依令行酒，四座纷飞，轮流劝酒。

唐代酒令盛极一时，水平很高，难度很大，具有极高的艺术性，这和唐代个人才智得到充分发展和崇尚文化的社会风气有很大的关系。

 浪漫唯美的风俗：作诗赏花

　　唐代社会的各个阶层，对赏花都有浓厚的兴趣。每年初春乍暖还寒时节，长安士女已"乘车跨马，供帐于园圃，或郊野中，为探春之宴"（《开元天宝遗事》卷下）。随着春气渐暖，上层社会便开始举行各种形式的赏花活动。唐玄宗早晚都要在宫中举行盛大的宴会，让嫔妃们在头上插上艳丽的花朵。他亲自捉来粉蝶放飞，落在哪个嫔妃的头上，就招幸她（《开元天宝遗事》卷上）。唐穆宗时，宫中百花盛开后，就让人在栏槛上搭起双层的帐篷保护花朵，并且专门设置"惜春御史"掌管此事。当时把这种活动称作"括香"（《云仙杂记》）。整个上层社会也都沉湎于赏花的热潮中。《记事珠》记载，长安士女游春野步时，遇到名花就借草而坐，然后解下裙子，将花四周遮绕起来。他们把这种活动称作"裙幄"。那些贵家子弟出外游宴赏花时，不仅在园圃中搭起高大的帐篷，而且还随身带有油幕。如果碰到阴雨天，他们就披上油幕，尽欢而归（《开元天宝遗事》卷下）。每年春天，长安城中都要举行斗花活动，以头上戴插的奇花多少而较胜负。因而贵族之家都不惜重金，买来名花种植在庭院中，好在斗花时独占魁首。

　　花有四时，唐代文人的赏花活动也四时常新。每年，文人们从傲雪凌霜的梅花中，探听到春天的信息。他们赞美"一树寒梅白玉条，回临村路傍溪桥。不知近水花先发，疑是经冬雪未销"（张谓《早梅》）。春天是否真的来到人间，他们还疑信参半。因为在这时，春天还只是像一位红装素裹的

小姑娘，挪动着蹒跚的步子向人们走来。待到桃花、梨花盛开时节，春天就已经像一位浓妆艳抹的美人，以其翩跹的舞姿，在自然界装点出千种风情、万般春色。文人们便以各种形式来欢迎这春天的使者。《云仙杂记》记载，在梨花盛开时，洛阳城的人们便携酒来到花下聚饮，"为梨花洗妆"。唐代皇家御苑中，专门辟有桃花园。在历朝皇帝办理政务的长安大明宫中，也栽种了大量桃树。每逢春日，"九重春色醉仙桃"（杜甫《奉和贾至舍人早朝大明宫》），灿烂如红霞般的万树桃花，渲染出帝都浓郁的春意。《开元天宝遗事》（卷上）记载，禁苑中桃花盛开后，唐玄宗每天都要和杨贵妃在花下饮宴，兴致勃勃地观赏桃花。唐玄宗还一边饮酒，一边高兴地说："不独萱草忘忧，此花亦能消恨。"有一次，唐玄宗还亲手折下一枝桃花，插到杨贵妃的宝冠上。他看着杨贵妃那娇羞的面庞，在桃花的映衬下，显得越发娇媚，就高兴地对身旁侍者说："此个花尤能助娇态也。"

唐代的牡丹花虽然花色齐全，当时人却特别喜欢红牡丹，以至用重金费尽心机购买。

每年暮春牡丹花盛开时，栽植牡丹的人怕艳丽的花朵被强烈的阳光晒坏，特地在花上搭起帐幕遮蔽保护。唐代朔方节度使李进贤在长安私邸中"阶前有花数丛，覆以锦幄"（《剧谈录》）。另据《云溪友议》记载，白居易任杭州刺史时，令人访求牡丹花。开元寺僧人惠澄从长安买得一株，植于庭院中，栏围甚密。当时春景方深，"惠澄设油幕覆牡丹"。惠澄的这株牡丹以后分种遍及吴越。

长安城中每年于三月十五日前后，照例要举行牡丹花会。"两街看牡丹，奔走车马"（钱易《南部新书》丁）。白居易曾游览长安花市，记载了这种情景：

帝城春欲暮，喧喧车马度。共道牡丹时，相随买花去。贵贱无常价，酬值看花数。灼灼百朵红，戋戋五束素。上张幄幕庇，旁织笆篱护。水洒复泥封,移来色如故。家家习为俗,人人迷不悟。有一田舍翁,偶来买花处。低头独长叹,此叹无人谕。一丛深色花,十户中人赋。》(《买花》)说明了唐代长安牡丹花市上交易的情况。据《国史补》记载,由于唐代王公贵族珍爱牡丹,执金吾铺官围外寺观,种以求利,"一本有值数万者"。可见白居易"一丛深色花,十户中人赋"的感叹,并非夸大。

荷花在盛夏时出淤泥而不染,濯清涟而不妖,同样为唐人喜爱。《剧谈录》卷下记载,唐时于曲江中广植荷花,"入夏则菰蒲葱翠,柳荫回合,碧波红蕖,湛然可爱"。长安西南昆明池周围四十里,芙蓉之盛如云锦。长安士女此时多于曲江、昆明池泛舟采莲。

飒飒的秋风,虽然吹落了亭亭玉立的荷花,却催开了冰清玉洁的菊花。我国古代本来就有赏菊的爱好。《荆楚岁时记》记载,九月九日,民间都饮宴赏菊,"佩茱萸食饵,饮菊花酒。云令人长寿。近代皆设宴于台榭"。历代文人也都喜爱菊花。楚国诗人屈原,正是以"夕餐秋菊之落英"(《楚辞·离骚》),来比喻自己志行的高洁。东晋诗人陶渊明,也是以"采菊东篱下,悠然见南山"(《饮酒》其二),来寄托自己志趣的超脱。

文人们这样爱菊,"一入瑶华咏,从兹播乐章"(刘禹锡《和令狐相公玩白菊》),这样为菊鸣不平,"他年我若为青帝,报与桃花一处开"(黄巢《题菊花》),除了菊花迎风傲霜,禀性高洁,给人以启示,给人以鼓舞,使人们无论在怎样险恶、污浊的环境中,都要保持着高洁的志趣以外,还因为菊花是花神给大自然派出的最后的使者。菊花凋谢以后,隆冬中再没有什么花可供观赏了。因而,元稹在深秋季节,便整日绕菊而行:

秋丛绕舍似陶家,遍绕篱边日渐斜。不是花中偏爱菊,此花开尽更无花。
(《菊花》)

对这些绕着房舍生长，倚着篱边开放的菊花，分外珍惜。

馨香万代的百花，使文人们敬礼无涯。她陶冶出唐代文人高洁的情操，不凡的志趣！因此可以说是百花给唐代的诗歌王国，装点出灿烂的春色！

高端娱乐活动——马球

马球是唐代非常盛行的一种娱乐活动，上自皇帝，下至诸王大臣，文人武将，无不"以此为乐"。因它是一项骑在马上挥杖击球的活动，所以，又叫击鞠、击球。

1972年，在陕西省乾县唐章怀太子李贤墓中出土了一幅极其珍贵的《马球图》。画面上绘有20多个骑马击球的人物形象。他们都穿着各色窄袖袍，足登黑靴，头戴幞巾。其中，五名骑手正在奋力夺球，最前面一人，手执偃月形球杖作返身击球动作，身手矫健，姿态优美。后面的骑者，有的持杖紧追不舍，有的则策马行进在树木山石之间。整个画面气势宏伟，再现了唐代马球活动的精彩场面。

中国的马球始于何时？说法不一。大多数人认为，马球起源于西藏，唐朝初年传到了中原地区。唐人封演在《封氏闻见记》中说，贞观年间，唐太宗李世民曾对侍臣说："我听说西蕃（今西藏）人爱好马球，曾派人去学习，也看过一次。前两天升仙楼有些蕃人在街里打球，大概以为我爱好这种游戏，故意在马上奔驰表演。"以此可以证明，马球在唐朝初年，已由西

藏传入唐都长安城。

唐朝中期以后，作为供人休闲娱乐的马球活动逐渐盛行起来。首先受到了唐朝最高统治者皇帝及王室贵族的喜欢。唐代皇帝中几乎没有不爱好打马球的，有的球技还很高超。唐宣宗李忱每月和皇室贵戚在专建的雍和殿打两三次球。他能在飞奔的马上，用球杖连续击球数百次。唐僖宗李儇爱好蹴鞠、斗鸡、马球。他曾对近臣优人石野猪说："假如朝廷设立打球进士科，我可以获得状元。"石野猪幽默地回答道："如果遇到尧、舜、禹当礼部尚书，陛下不免要落第的。"在唐代的皇帝中，如推举马球状元，只有唐玄宗李隆基够格。唐中宗景龙三年（709年），吐蕃使者到长安迎接金城公主，唐中宗请他们到梨园亭子里观看马球。使者禀奏中宗，说他手下有会打马球的，希望与唐朝的宫人较量一下。于是，两队赛马球，结果唐宫人连输了几场，中宗让侄子李隆基上场，李隆基往来奔跑，左右击球，速度如疾风闪电，几乎没有人能够赶得上，终于战胜了吐蕃人。

唐玄宗登基后，马球之风更盛。玄宗经常携杨贵妃去球场打马球。宋人李公麟绘了一幅《明皇击球图》。晁无咎题诗道："宫殿千门白昼开，三郎沉醉打球回。九龄已老韩休死，明日无复谏疏来。"批评唐玄宗耽于宴乐、不问政事的做法。

皇帝的喜好带动了社会上打马球的盛行。例如，唐代文人中进士后，照例要到月灯阁下打球。文人们把打马球当作很时髦的事。唐人王定保《唐摭言》讲述了这样一个有趣的故事：唐僖宗乾符四年（877年），一批新进士在月灯阁下打球，忽然几个神策军军官执着球杖，闯进了球场，要与新进士比试。当众人不知所措时，一名叫刘覃的新进士跨马执杖跑进球场，表示应战。高傲的军官根本不把这位书生放在眼里。不料开球后，刘覃动作极其敏捷，"驰骤击拂，风驱电逝"。几个回合之后，他挥杖用力一击，球疾飞而去，不知落到何处去了。军官们想不到一个文弱书生竟然有如此

高超的球技，一个个垂头丧气，灰溜溜地跑掉了。

唐代，不仅须眉男子喜欢马球，一些窈窕淑女也爱玩马球。1975年，江苏邗江出土了一枚唐代击球图铜镜，上面雕刻着四个驱马击球的女子形象，奔跃的马，挥舞的球杖，英武的姿态，生动地反映了当时妇女玩马球的史实。由于骑马打球，动作十分激烈，为了适宜更多女子参加击鞠活动，唐后期出现了驴鞠，即骑驴打球。《旧唐书·郭英乂传》记载：唐代宗时，剑南节度使兼成都尹郭英乂"聚女人骑驴击球"。唐敬宗和僖宗都喜欢驴鞠，于宝历二年、乾符二年在宫中观看了驴鞠，僖宗则进而亲自下场，"乘驴击球"。后来前蜀的花蕊夫人有"自教宫娥学打球，玉鞍初跨柳腰柔"的诗句，描写了女子击鞠的优美姿态。

唐朝时，马球东传日本。唐穆宗长庆二年（822年），东北臣属于唐朝的渤海国曾派使节王文矩出使日本，受到嵯峨天皇的宴请款待。宴前，王文矩及使团中一些会打马球的人表演了马球，深受嵯峨天皇和日本百官的喜爱。嵯峨天皇即兴作《早春观打球》诗一首：

芳春烟景早朝晴，使客乘时出前庭。
回杖飞空疑初月，奔球转地似流星。
左承右碍当门竞，群踏分行乱雷声。
大呼伐鼓催筹急，观者犹嫌都易成。

这首诗反映了打马球的赛场、用具和观众的热烈情绪。以鼓助威，以筹计分的方法，都与唐朝相同。这说明，日本马球是由唐代外传的。

唐朝的斗鸡运动

在唐朝，斗鸡运动曾风行一时，不仅在民间大受欢迎，在皇室贵族中也有很多人喜欢，唐玄宗就是其中之一，有人还因斗鸡加官晋爵。

在当时，斗鸡除了以娱乐为目的外，还具有激发勇敢斗志的作用，所以，不仅社会上盛行斗鸡，唐朝统治者在军队中也推行斗鸡之戏。唐玄宗因为爱好斗鸡戏，在宫中专门修建了皇家鸡坊，从军队中选拔500名少年兵士专门饲养、培育、训练斗鸡。据陈弘祖《东城老父传》记载："玄宗在藩邸时，乐民间清明节斗鸡戏。及即位，立鸡坊于两宫间，索长安雄鸡，金毫、铁距、高冠、昂尾千数，养于鸡坊，选六军小儿五百人，使驯扰教饲之。"

皇帝喜欢斗鸡，那些会斗鸡的人自然得到皇帝的宠幸。一次，唐玄宗出宫游玩，看到一个名叫贾昌的小孩正在玩木制的鸡，灵巧异常，还听说他能听懂禽鸟的语言，玄宗非常高兴，当即召贾昌入宫作鸡坊小儿。贾昌能识别斗鸡的壮弱和勇怯，熟悉鸡的饮食、疾病和驯习的方法，受到玄宗的格外信任。不久玄宗又升贾昌任鸡坊的头目，还经常赐给他金帛财物。因此当时有民谣道：

"生儿不用识文字，斗鸡走马胜读书。贾家小儿年十三，富贵荣华代不如。"辛辣地讽刺了唐朝宫廷的腐败和社会风气的败坏。

每年元宵节、清明节、中秋节，唐玄宗都要看斗鸡表演。据《东城老父

传》记载：贾昌在斗鸡时，头戴雕翠金花的帽子，身穿绸缎绣花的衣裤，手中拿着大铃率领鸡队入场，整齐地排列在斗鸡殿中，等候比赛。斗鸡们个个鼓动翅膀，竖起羽毛，磨嘴擦足，跃跃欲试，准备一场厮杀。贾昌一挥手中的鞭子，斗鸡正式开始。一对对斗鸡挥动着翅膀，睁着发红的眼睛，扑向对方，利嘴一起一落，鸡毛飞扬，很快胜者引颈长鸣，向主人表示胜负已定。贾昌再挥鞭子，胜者走到鸡队前面，败者走到鸡队后面，有顺序地跟贾昌回到鸡坊。这种斗鸡场面，组织缜密，驯导有方；尤其是大集团式的斗鸡活动，水平和技艺之高，在古代是绝无仅有的。所以，当时称贾昌为"神鸡童"，而唐玄宗也不愧是一位"斗鸡皇帝"了。

皇帝的爱好带动了社会上斗鸡之风的盛行。宗室贵族，达官富豪竞相仿效，有的因一只鸡而不惜倾家荡产，重金购买。有的因斗鸡而引起皇室内部的矛盾。在唐高宗时，诸王好斗鸡，诗人王勃为沛王写了一篇檄文，声讨英王的斗鸡行为，引起诸王的不和。高宗看后也非常生气，下旨罢免了王勃的官，放所有斗鸡回山中。在平民百姓当中，斗鸡也很盛行。"洛中老幼皆爱斗鸡，家家养三五十羽，甚至于有的以一亩田换一只斗鸡。"一些贫穷的人，养不起鸡，便玩弄木鸡。

斗鸡游戏传到了日本。当时日本派遣使者来唐朝，见到唐朝朝野风靡的斗鸡游戏，便将其带回日本，并很快在日本宫廷盛行起来。日本《三代实录》中就有元庆三年（879年）二月二十八日，天皇在弘微殿观看斗鸡的记载。日本平安时代（794—1192年）成书的《荣华物语》中也有宫廷斗鸡的描写。此后，斗鸡游戏流入民间，受到日本人的喜爱。在许多传世的日本古代绘画中经常可以见到斗鸡的场面。

扩展阅读　唐代妓女生活写照

唐代妓女主要有宫妓、官妓、家妓三类。

宫妓是以乐舞及绳、竿等杂技供奉朝廷的女艺人。宫妓多为色艺俱佳的乐户、倡优子女，也有少数平民女子，归内教坊管理。玄宗时，宫妓最盛，每年勤政楼大会，仅歌舞妓一登场就多达数百人。玄宗还在两京宫外设置左、右两个外教坊，训练大批艺妓，称"外教坊妓"。宫妓、教坊妓，名义上献艺不献身，但难得其实。如玄宗弟岐王在冬季，将手揣入宫妓怀中取暖。宫妓具有后世娼妓的性质。

"唐人尚文好狎"，官贵以狎妓相尚，政府对此也没有禁令。当时两京、各大州府及某些县皆设有官妓。长安官妓靠自谋生路，受官府管辖较松。妓馆多由鸨母带数名养女组成，也有人在家中接客。她们一般以陪宴、卖淫为主，献艺为辅。长安官妓聚居平康里，妓业兴隆，"京都侠少，萃集于此"，时人谓此坊"风流薮泽"。东都、扬州等大都市的情景与长安相仿，如扬州每到夜晚"倡楼之上，常有绛纱灯万数，辉耀空中"。地方官妓属"乐营"管理，集中居住乐营，由官府供给衣粮，主要任务是承应官差、献艺、陪酒、侍夜。

家妓为官贵富户等私家蓄养的歌舞妓女。王公贵族家妓常有数百人之多。家妓除供主人玩赏娱乐外，还要招待宾客，甚至陪宿。

唐代妓女虽生活有所保障，有的还较优裕，但并无独立人格，只能任人宰割。江淮名妓徐月英《叙怀》诗所吟"虽然日逐笙歌乐，长羡荆钗与布裙"，就是妓女愁苦心情的真实写照。